Programmieren mit Visual Basic - Excel 97

Von der Problemanalyse zum fertigen VBA-Programm anhand eines praktischen Projekts

Von
Professor
Dr. Axel Buhl

R. Oldenbourg Verlag München Wien

Die Deutsche Bibliothek - CIP-Einheitsaufnahme

Buhl, Axel:
Programmieren mit Visual Basic – Excel 97 : von der Problemanalyse zum fertigen VBA-Programm anhand eines praktischen Projekts / von Axel Buhl. – München ; Wien : Oldenbourg, 1999
ISBN 3-486-24677-1

Rosenheimer Straße 145, D-81671 München
Telefon: (089) 45051-0, Internet: http://www.oldenbourg.de

Gedruckt auf säure- und chlorfreiem Papier
Gesamtherstellung: WB-Druck, Rieden

ISBN 3-486-24677-1

Inhaltsübersicht

Themenübersicht – Software-Technik VII

Themenübersicht – VBA-EXCEL 97 VII

Vorwort IX

Teil I: Angebote erstellen - Grundlagen der Programmierung 1

1 Lösungsweg bestimmen 2

1.1 Ausgangspunkt definieren 3
1.2 Ziel festlegen 3
1.3 Methoden bestimmen 3

2 Funktionalität sicherstellen - die erste Runde 13

2.1 Analyse 13
2.2 Entwurf 24
2.3 Implementation 27

3 Bedienbarkeit beachten – die zweite Runde 55

3.1 Analyse 55
3.2 Entwurf 56
3.3 Implementation 57

4 Wartbarkeit und Wiederverwendbarkeit beachten - die dritte Runde 66

4.1 Analyse 66
4.2 Entwurf 67
4.3 Implementation 69

Teil II: Angebote erstellen - professionelle Programmierung 71

5 Lösungsweg bestimmen 72

5.1 Ausgangspunkt definieren 72
5.2 Ziel festlegen 72
5.3 Methoden bestimmen 72

6 Funktionalität erweitern - die vierte Runde 79

6.1 Analyse 79
6.2 Entwurf 87
6.3 Implementation 93

7 Robustheit erhöhen - die fünfte Runde 110

7.1 Analyse. 110
7.2 Entwurf 116
7.3 Implementation 117

Anhang 132

Fragen und Formulare für die Prozeßbeschreibung 132
Testrahmen für das Programm Angebotskalkulation 137

Literaturverzeichnis 144

Stichwortverzeichnis 147

Themenübersicht – Software-Technik

Analyse

Fragen und Formulare für die Prozeßbeschreibung	132
Tabellarische Zusammenfassung der Anforderungen	9
Beispiele:	13
	80
Tabellenkarten	10
Beispiele:	14
	81
Entity-Relationship-Modell	73 ff.
Beispiele:	83

Entwurf

Entwurf von Modulen	11
Beispiele:	24 ff.
	87 ff.
Kooperationsgrafiken	11
Beispiele:	15
	92

Test

Testrahmen für das Programm Angebotskalkulation_07	137

Themenübersicht – VBA-EXCEL 97

VBA-Umgebung

Makros aufzeichnen, Makros starten	27
Fehlersuche unterstützen	30

VBA-Grundlagen

Prozeduren und Funktionen	25
Objekte und Methoden	32
Variablen und Konstanten	33
Datenkonversion	37
Tabellenbereiche und Zellen auswählen	37

Arbeit mit Bezügen 49
String-Operationen 49
Funktionen mit Parametern 57
Laufzeit verbessern 63
Prozeduren automatisch starten 64

VBA-Programmsteuerung

Schleifen 45
Verzweigungen 51

VBA-Oberfläche

MsgBox und InputBox 36
Verwendung von Dialogboxen 39
Optionsfelder in Tabellen 43
Listenfelder 59
Menüleisten entwerfen 96

VBA-Datenbankarbeit

Datenbankdateien vereinbaren 93
Zugriff auf die Datenbank 100

VBA-Fehlerbehandlung

Befehle, um Benutzerhandlungen zu kontrollieren 119
Befehle für die Fehlerbehandlung 127

Vorwort

Das Buch dokumentiert den Weg vom Ausgangspunkt eines kleinen Software-Projekts bis zu dessen Realisierung. Das Projekt beschäftigt sich mit der Angebotskalkulation, eines der häufigsten Anwendungsgebiete für Tabellenkalkulationsprogramme. Dabei werden alle Schritte der Entwicklung begründet und erläutert. Der Leser kann somit durch das Nachvollziehen der einzelnen Schritte in Kombination mit der Lösung der gestellten Aufgaben und der Auswertung der Musterlösungen programmieren lernen.
Der Schwerpunkt liegt in der systematischen Vorgehensweise, ein Problem zu analysieren, zu entwerfen und zu programmieren. Es wird eine spezifische Methode entwickelt, die die Entwicklung leicht bedienbarer, robuster, erweiterbarer und wartbarer Programme auf der Basis von VBA-EXCEL 97 (VISUAL BASIC für Applikationen) erlaubt. Der Entwicklungsprozeß wird mehrmals durchlaufen. Dabei entstehen Programmversionen, die bewertet werden, um in einem weiteren Zyklus eine verbesserte Version zu erreichen. Die Konzepte der Programmiersprache sind im Überblick und nur soweit, wie sie für das Projekt erforderlich sind, beschrieben.

Leser

Wer sollte dieses Buch lesen? Jeder, der mit Microsoft EXCEL arbeitet. Viele haben sich schon oft geärgert, daß die gleichen Rechnungen oder Angebote so oft und umständlich erstellt werden oder wiederkehrende Statistiken nicht automatisch erzeugt werden. Es wendet sich besonders an Studierende der Betriebswirtschaft an Universitäten und Fachhochschulen. Das Buch ist eine sinnvolle Ergänzung für die Ausbildung in dem Fach *Datenverarbeitung* für Betriebswirte, denn es zeigt, daß man zum Programmieren nicht nur Code schreiben muß; und es vermittelt dieses Wissen an einem praxisrelevanten Beispiel mit einer weitverbreiteten Software.

Struktur

Das Buch ist in zwei Teile gegliedert. Beide Teile beginnen mit der Problembeschreibung und der Festlegung der passenden Lösungsmethoden. Das Projekt durchläuft mehrere Entwicklungsetappen.
Teil I beschreibt die Realisierung grundlegender Anforderungen an ein Programm. Das Beispiel wird bis zu einer lauffähigen Version umgesetzt. Dieser Teil ist für das Verständnis des zweiten Teils erforderlich. Anwender werden mit grundlegenden Konzepten von VBA bekannt gemacht.

Teil II beschreibt, was noch alles zu einem professionellen Programm gehört. Das Beispiel wird weiter entwickelt und neue Spachelemente von VBA werden erläutert.

Arbeit mit dem Buch

Das Buch kann vollständig durchgearbeitet werden. Der Leser wird dann ein Software-Projekt in Entwicklungsetappen komplett realisieren. Jede Etappe durchläuft die Phasen *Analyse*, *Design* (*Entwurf*) und *Implementation*. Methoden und Sprachelemente von VBA werden erläutert und durch kleine Übungen ergänzt.

Übungen sind im Text wie folgt hervorgehoben:

Übung

Dann werden die Aufgaben für die Projektbearbeitung formuliert. Hier ein Beispiel:

Aufgaben

- Fügen Sie die Schleifenstruktur in das aufgezeichnete Makro *DatensätzeMaterial_Übertragen()* ein, um eine *Kalkulation* mit mehreren Materialpositionen zu ermöglichen!

Zu den Aufgaben werden Hinweise gegeben. Diese Hinweise sind sehr wichtig, um das Projekt erfolgreich zu bearbeiten. Sie werden im Text durch das folgende Symbol gekennzeichnet:

Hinweise

Neben den Hinweisen gibt es auch Musterlösungen auf der beigefügten Diskette.
Jeder Entwicklungszyklus wird bewertet, um die neuen Anforderungen zu formulieren. Die Wertung einer Programmversion erkennen Sie am folgenden Symbol:

Wertung

VBA-Anweisungen und Schlüsselwörter sind im Text kursiv hervorgehoben.

Variant	VBA-Datentyp

Menübefehle und Buttons werden mit Großbuchstaben gekennzeichnet, zum Beispiel:

DATEN | MASKE	im Menü *Daten* der Befehl *Maske*

Quelltext ist in der folgenden Schriftart dargestellt:

```
With Application
  .Caption = "Kalkulationsprogramm"
End With
```

Das Buch erläutert Methoden der Software-Technik und Konzepte sowie Sprachelemente von VBA. Sie können diese Themen nachschlagen. Dazu gibt es neben dem Inhaltsverzeichnis zwei Themenverzeichnisse: Software-Technik und VBA-EXCEL 97.

Danksagungen

Dieses Buch widme ich meiner Frau Ricarda für ihre Unterstützung.
Ich bekam freundliche Hilfe von meiner Familie, meinen Freunden und Kollegen: Manfred Bluhm, meiner Mutter Ilse Buhl und Wolfgang Zschau. Ich danke ganz besonders Uta Knöchel für die inhaltlichen Hinweise und für die große Unterstützung bei der Endfassung des Buches.

Teil I

Angebote erstellen - Grundlagen der Programmierung

Der erste Teil des Buches beschäftigt sich mit den Grundlagen und Prinzipien der Programmentwicklung. Die Erläuterungen erfolgen anhand eines betrieblichen Problems – der Angebotskalkulation. Die Angebotskalkulation ist eine der häufigsten Anwendungen für Tabellenkalkulations-Programme.

Die Software-Entwicklung wird als interaktiver Prozeß aufgefaßt, bei dem die Entwicklungsphasen mehrmals durchlaufen werden. In der Analyse-Phase wird untersucht, welche Tabellen sind erforderlich und welche Verantwortlichkeiten werden in den Tabellenblättern realisiert. In der Entwurfs-Phase werden die Module und Makros entworfen. Eine übersichtliche Gliederung und eindeutige Namenskonventionen erleichtern die Wartung und ermöglichen eine Verwendung der Module in anderen Programmen. Dann wird das Beispiel programmiert - es werden grundlegende Konzepte der Programmiersprache VBA erläutert.

Der Anwender konkretisiert anhand einer fertigen Version seine Anforderungen. Der Entwickler wertet seine Versionen nach Qualitätskriterien wie Bedienbarkeit und Wartbarkeit und findet Kritikpunkte. Das Projekt muß also mehrmals überarbeitet werden, d.h. die Phasen *Analyse, Design* (*Entwurf*) und *Implementation* werden mehrmals durchlaufen. Der erste Teil schließt mit einer lauffähigen Version ab.

1 Lösungsweg bestimmen

Für jedes Problem, das rechentechnisch gelöst werden soll, muß die geeignete Lösungsmethode gefunden werden. Es gibt eine reiche Auswahl von Ansätzen, deren Einsatz von verschiedenen Kriterien abhängt:

- Umfang
- Art des Problems (technischer, kaufmännischer, militärischer Art)
- Verflechtung mit anderen Systemen
- Möglicher technischer, finanzieller und personeller Aufwand
- Spätere Benutzer

Der Umfang ist ein entscheidender Punkt. Große und kleine Programme unterscheiden sich wesentlich. Man kann heute prinzipiell davon ausgehen, daß Software komplex ist[1] (es sei denn, man beschreibt ausgewählte Teilprobleme). Komplexe Systeme verändern sich stetig und mit hoher Geschwindigkeit (manchmal so schnell, daß das Programm bei Fertigstellung nicht mehr zum System paßt).
Kleine Programme werden nicht gewartet oder erweitert - man schreibt einfach ein neues Programm. Diese erfordern also keine Methode - man kann tatsächlich sofort anfangen.

Das Buch beschäftigt sich mit der Realisierung einer Angebotskalkulation auf Basis der Programmiersprache VISUAL BASIC für Applikationen (VBA). VBA ist nicht für die Beschreibung hochkomplexer Systeme geeignet. Aber trotzdem, auch dieses Programm wird mehr als 1000 Zeilen Code verlangen, auf mehrere Tabellen zurückgreifen und eine umfangreiche Benutzeroberfläche mit mehreren Dialogboxen sowie Steuerelementen aufweisen und ist damit so komplex, daß es ohne eine geeignete Methode nicht zu überschauen ist.

---

[1] Booch geht in seinem Buch „Objektorientierte Analyse und Design", das im Addison Wesley Verlag erschienen ist, auf diese Problematik ein. „ Wir beobachten, daß sich diese inhärente Komplexität von vier Faktoren ableitet: von der Komplexität der Problemstellung, von der Schwierigkeit den Entwicklungsprozeß zu steuern, von der Flexibilität, die geboten werden soll, und von den Problemen bei der Charakterisierung des Verhaltens diskreter Systeme."
Diese Begründung zur Verwendung ingenieurmäßiger Methoden ist schlüssig. Die Unterscheidung von großen und kleinen Systemen anhand einer Reihe von Kriterien (Anzahl von Programmzeilen, Gebrauch durch Dritte usw. finden sich in der Veröffentlichung von Glinz, Baumann und Schauer „Warum ist Software-Entwicklung schwierig?", unizürich, Magazin der Universität Zürich, 1/95. Sie schreiben, daß Programme mit mehr als 300 Befehlszeilen schon zu den großen Systemen zählen (wenn eine Reihe weiterer Kriterien erfüllt sind), die mit den Methoden des Software-Engineerings zu entwerfen sind.

Die richtige Methode hängt von dem zu lösenden Problem ab. Für das Beispiel der Angebotskalkulation wird der Ausgangspunkt definiert und das Ziel festgelegt, um daraus die anzuwendenden Methoden zu entwickeln.

1.1 Ausgangspunkt definieren

Die Software soll für ein kleineres Unternehmen erstellt werden. Das Unternehmen hat sich erst vor kurzer Zeit gegründet. Es vertreibt Computer und deren Bauteile sowie Standardsoftware. Es berät Kunden und installiert bei Bedarf die Anlagen. Das Unternehmen hat einen Steuerberater, der die Abgaben an das Finanzamt, die Finanzbuchhaltung, die Lohnbuchhaltung und den Jahresabschluß realisiert - das soll auch in Zukunft so bleiben.
Für die anstehende Büroarbeit wurden verschiedene Programme getestet. Man konnte sich jedoch nicht entschließen, eines dieser Produkte zu kaufen, da sie nicht den Anforderungen entsprachen bzw. viel zu teuer waren. Man verwendet für die Erledigung des Schriftverkehrs (Mahnungen usw.) das Programm Microsoft WORD und für die Erledigung der Angebotskalkulation - Rechnungen und Lieferscheine - das Programm EXCEL. Da das Office-Paket von Microsoft installiert ist, steht auch das Programm ACCESS zur Verfügung.
Das Schreiben der Angebote (von denen nur ein Bruchteil realisiert wird) erfordert einen hohen Zeitaufwand, da man auf der einen Seite preiswert anbieten muß und auf der anderen Seite keine Verluste machen darf. Das erfordert viel Rechenarbeit und die Kontrolle der wichtigsten betriebswirtschaftlichen Kennwerte.

1.2 Ziel festlegen

Die Büroarbeit soll rationalisiert werden. Besonders die lästige Angebotskalkulation möchte man automatisieren, dieser Teil muß zuerst realisiert werden. Das Programm soll mit den zur Verfügung stehenden Mitteln ohne großen finanziellen Aufwand erstellt werden. Die Entwicklung muß so organisiert werden, daß Teillösungen sofort genutzt werden können und das Programm problemlos erweitert werden kann. Das Programm soll leicht bedienbar und robust sein.

1.3 Methoden und Programmiersprache bestimmen

Die Methoden, in der Software-Technik auch Software-Lebenszyklen genannt, sind weit entwickelt und mit entsprechenden Werkzeugen versehen. Sie werden aber nicht immer angewandt. Ein Grund, weshalb auch fehlerhafte Software angeboten wird.[2]

Es gibt eine Menge Veröffentlichungen über zweckmäßige Software-Lebenszyklen, Verfahren und zu erstellende Dokumente. Sie gliedern den Prozeß in mehrere Phasen. So wie sie in der folgenden Abbildung dargestellt wurden, finden sie sich praktisch in allen Veröffentlichungen wieder.

Wasserfallmodell nach Boehm[3]:

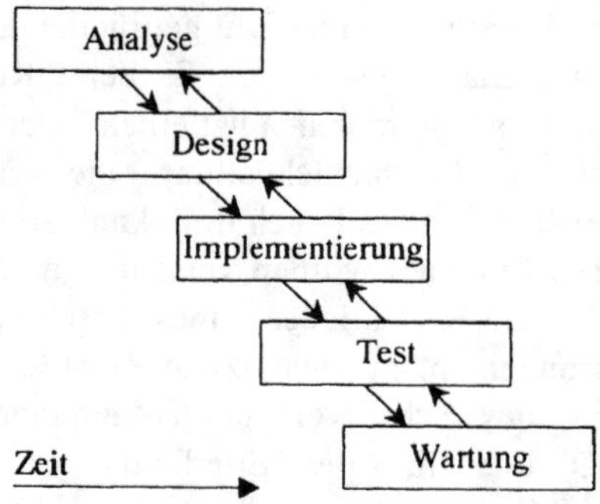

[2] Yourdon beschreibt in seinem Buch „Die westliche Programmierkunst am Scheideweg: die Schlüsseltechniken der Softwareentwicklung für das 21. Jahrhundert", das beim Hanser Verlag erschienen ist, den Begriff *Methode* folgendermaßen: „Stufenweiser Schlachtplan, ein Kochbuch, zur Erreichung einer Zielstellung. Eine Softwaremethode analysiert die wichtigsten Aktivitäten, die ausgeführt werden müssen, benennt die Menschen und definiert die Aufgabenstellung. Methoden beschreiben die Eingangskriterien, Ausgangskriterien und Checkpoints für OK-, STOP-Entscheidungen."

In diesem Buch geht er auch ausführlich auf die Probleme der amerikanischen Softwareindustrie ein. Man darf aber bei der sehr hart geführten Kritik nicht vergessen, daß es eine Reihe sehr guter Programme gibt, die aus Amerika kommen. Neben der Anwendung von Engineeringmethoden spielen natürlich auch die Mitarbeiter für die Qualität von Software eine entscheidende Rolle. Yourdon macht dazu folgende Äußerungen: „Wenn ein Programmierer gut ist, ist er sehr, sehr gut. Aber wenn er schlecht ist, dann ist es eine Katastrophe. Ergebnis eines Tests mit 12 Programmierern: Der Beste war 28 mal schneller als der Schlechteste. Das beste Programm war 10 mal effizienter als das Schlechteste." Erfahrung ist ein entscheidender Faktor: „Entwicklungs- und Wartungskosten von Projekten mit erfahrenen Programmierern sind nur halb so hoch, wie die Kosten von Projekten, die mit unerfahrenen Programmierern gemacht werden."

[3] Das hier von Boehm vorgestellte Wasserfallmodell wurde später zu einem Spiralmodell weiterentwickelt. Er formulierte dieses Modell beispielsweise unter dem Titel: „A Spiral Model of Software Development and Enhancement" in Software Engineering Notes, vol.11(4). Dieses Spiralmodell ist eine logische Weiterentwicklung seines Wasserfallmodells. Es hat den besonderen Vorteil, daß es das Prototyping berücksichtigt und eine ständige Diskussion der erreichten Ergebnisse einschließt. Die Wertung des Prototyps führt zu einer erneuten Analyse- und Design-Phase. Damit gelingt es auch besser evolutionäre Prozesse zu berücksichtigen. Interessante Ausführungen finden sich auch in den Aufsätzen von Henderson-Sellers und Edwards, beispielsweise „The Object-Oriented Systems Lifecycle" in Communications of the ACM, vol. 33(9).

Analyse: Zerlegung des Ganzen in die wesentlichen Teile, um aus der Untersuchung der Einzelteile die Natur und Form des Ganzen zu bestimmen, Formulierung der Anforderungen, Studieren eines Systems ehe Maßnahmen ergriffen werden, mit dem Ziele eines logischen Modells des zukünftigen Systems

Design: (designare) bezeichnet die formgerechte funktionale Gestaltung, Umwandlung einer logischen Sammlung von Systemanforderungen aus der Analyse als Basis für die physische Spezifikation, Entscheidung zu Datenbank, Aufbau und Ablauforganisation, Programmiersprache und Betriebssystem

Implementation: Prozeß der Umsetzung bzw. Realisierung in einer Programmiersprache, die Art und Weise der Programmierung bestimmt auch die Analyse- und Design-Phasen

Test: Nachweis, daß die in der Analyse-Phase spezifizierten Anforderungen durch das realisierte Programm erfüllt werden, es gibt unterschiedliche Testverfahren, die Testung zieht sich in die Einführungs-Phase hinein

Die Phasen müssen mehrmals auf jeweils höherem Niveau durchlaufen werden (spiralförmig), um so Schritt für Schritt den Kundenanforderungen gerecht zu werden.
Die vorgestellte Spirale muß man sich nicht als eine Serpentine, die zu einem Berggipfel führt, vorstellen, sondern mehr als einen Tornado, der nach oben hin auseinander geht. Die Probleme werden nicht weniger, sondern der Umfang und damit der zu überschauende Bereich wird immer größer. Jeder Schritt muß gut dokumentiert werden.
Dieses Buch kann als Dokumentation zu dem Programm *Angebotskalkulation* gesehen werden. Dazu schreibt Eugen Roth in seinem kleinen Buch „Mensch und Unmensch", Hanser Verlag:

> „Ein Mensch, der sich von Gott und Welt
> Mit einem andern unterhält
> Muß dabei leider rasch erlahmen:
> Vergessen hat er alle Namen!
> ‚Wer war's denn gleich, Sie wissen doch...
> Der Dings, naja, wie hieß er noch,

Der damals, gegen Ostern ging's,
In Dings gewesen mit dem Dings?'
Der andere, um im Bild zu scheinen,
Spricht mild: ‚Ich weiß schon, wen Sie meinen!'
Jedoch, nach längerm Hin und Her,
Sehn beide ein, es geht nicht mehr.
Der Dings in Dingsda mit dem Dings,
Zum Rätsel wird er bald der Sphinx
Und zwingt die zwei sonst gar nicht Dummen,
Beschämt und traurig zu verstummen."

Es ist eine weit verbreitete Annahme, daß man sich kurz mit der Analyse und dem Design beschäftigt und dann schnell zur Programmierung kommt (das eigentlich Interessante). Weit gefehlt, nur der geringste Teil dieses Buches ist der Implementation gewidmet. Das ist nicht nur in diesem Buch so, sondern auch in der Praxis eine Realität. Es nützt kein Programm, das einigermaßen funktioniert, aber unstrukturiert, nicht lesbar und damit nicht änderbar ist. Die kleinste Veränderung im modellierten System (sie kommen schneller als man denkt) macht das Programm unbrauchbar, da es sich nicht anpassen läßt.

Es werden zwei Methoden kurz erläutert: die strukturierte (klassische) Methode und die objektorientierte Methode.
Die strukturierte Programmierung[4] hat sich Anfang der 70er Jahre herausgebildet. Sie hat sich stetig weiterentwickelt und gehört zu den häufigsten praktizierten Methoden.

[4] Eine sehr gute und umfassende Darstellung dieser Methode wird von Yourdon in „Modern Structured Analysis", Englewood Cliffs, NJ: Prentice-Hall, gegeben. Eine zentrale Rolle spielt der Modulbegriff: Module ermöglichen, große Programme in überschaubare Einheiten zu gliedern. Sie kapseln eine bestimmte Funktionalität und haben eine genau definierte prozedurale Schnittstelle. Bei geschickter Vereinbarung solcher Module können sie in den unterschiedlichsten Programmen eingesetzt werden. Die genau definierten Schnittstellen ermöglichen das Verstecken von Informationen. Es ist nicht erwünscht den inneren Aufbau zu kennen - es ist nur erwünscht zu wissen, welche Dienste (Server) ein Modul für einen Client erbringen kann. Mögliche Änderungen in einem System betreffen dann nur die Module, die diese Funktionalität realisieren. Die Merkmale eines Moduls lassen sich folgendermaßen zusammenfassen:

1. Ein Modul hat eine abgeschlossene Umgebung.
2. Ein Modul hat Schnittstellen für den Export und Import von Daten. Schnittstellen sollen minimiert sein, damit es einen niedrigen Kopplungsgrad zu seiner Umgebung hat.
3. Ein Modul ist ohne Kenntnis seiner inneren Wirkungsweise verwendbar.
4. Ein Modul ist separat testbar.
5. Ein Modul soll wiederverwendbar sein.
6. Ein Modul sollte nicht zu komplex sein.

Das Problem wird schrittweise in die einzelnen Prozesse oder Funktionen zerlegt. Die Zerlegung erfolgt solange, bis für jedes Problem eine einfache algorithmische Lösung gefunden werden kann. Die notwendigen Daten werden von allen Funktionen gemeinsam genutzt.

Im Gegensatz zur strukturierten Programmierung hat sich die objektorientierte Programmierung[5] erst in den letzten Jahren entwickelt. Sie wird von vielen als die Methode angesehen, die die westliche Zivilisation wie keine andere verändert. Die objektorientierte Programmierung beruht auf der Überzeugung, daß das Geschehen nicht durch hierarchisch gliederbare Prozesse geprägt wird, sondern durch Objekte, die ganz bestimmte Eigenschaften haben (Attribute), ein ganz bestimmtes Verhalten zeigen und interagieren.

VBA einzuordnen fällt nicht leicht.[6] Es ist eine Makroprogrammiersprache, die nur in Verbindung mit dem Programm EXCEL funktioniert. Sie hat eine enge Verwandtschaft zur echten Programmiersprache VISUAL BASIC.

Nachteil diese Konzepts: Alle Module sind über die gemeinsame Datenbasis miteinander verbunden und Änderungen in der Datenbasis müssen gegebenfalls in mehreren Modulen verfolgt werden.

[5] Booch beschreibt in dem schon genannten Buch „Objektorientierte Analyse und Design" die objektorientierte Programmierung folgendermaßen: „Objektorientierte Programmierung ist eine Implementationsmethode, bei der Programme als kooperierende Ansammlungen von Objekten angeordnet sind. Jedes dieser Objekte stellt eine Instanz einer Klasse dar, und alle Klassen sind Elemente einer Klassenhierarchie, die durch Vererbungsbeziehungen gekennzeichnet ist."... „Objektorientiertes Design ist eine Design-Methode, die den Prozeß der objektorientierten Zerlegung beinhaltet sowie eine Notation für die Beschreibung der logischen und physikalischen wie auch statischen und dynamischen Modelle des betrachteten Systems." ... „Die objektorientierte Analyse ist eine Analyse-Methode, die die Anforderungen aus der Perspektive der Klassen und Objekte, die sich im Vokabular des Problembereichs finden, betrachtet."
Diesen Aussagen brauche ich nichts mehr hinzufügen.

[6] Kofler versucht in seinem Buch „VBA-Programmierung mit EXCEL 7.0", diese Programmiersprache zu charakterisieren. Er schreibt: „VBA ist im Gegensatz zu bisherigen Makrosprachen eine vollwertige Programmiersprache: VBA kennt alle in echten Programmiersprachen üblichen Variablentypen, kann mit Zeichenketten umgehen, dynamische Felder verwalten, zur Definition rekursiver Funktionen eingestzt werden." Er nennt einige Vorteile wie professionelle Hilfsmittel zur Fehlersuche, Erweiterungsfähigkeit und den Dialog- und Menüeditor. Als Nachteil charakterisiert er: „Der Sprachumfang von VBA ist unübersichtlich, um nicht zu sagen unüberschaubar. Mit weit über 1000 neuen Schlüsselwörtern (ohne vordefinierte Konstanten) sprengt VBA den Rahmen dessen, was ein Programmierer bisher zu erdulden hatte bei weitem. ..." und „VBA-Programme sind langatmig in ihrer Formulierung. ..." sowie „ Fallweise fehlen Merkmale, die in der Version 4 noch selbstverständlich waren. Beispielsweise ist es nicht möglich, in einem neuen Dialog eine Datenbankmaske zu definieren. ..."

Interessant ist diese Sprache für EXCEL-Anwender, die ihre EXCEL-Programme aufpeppen wollen (Problembeschreibung weiter oben). Sie hat alle wichtigen Elemente einer echten Programmiersprache (Variablentypen), und die in VBA geschriebenen Anwendungen sehen professionell aus.
Sie besitzt Konzepte einer objektorientierten Programmiersprache.[7] Es steht beispielsweise eine umfangreiche Klassen- und Objektbibliothek mit den entsprechenden Hierarchien zur Verfügung.
Ein Objekt im Sinne dieser Definition könnte ein markierter Zellbereich in einer EXCEL-Tabelle sein (*A1:A5*). Jedes Objekt hat bestimmte Attribute (Merkmale), durch die es sich von anderen Objekten unterscheidet (*Zellinhalt*, *Ausrichtung*, *Schriftart* usw.). Diese Eigenschaften werden über Schlüsselwörter eingestellt. Neben diesen Attributen gibt es auch sogenannte Methoden oder Operationen, die auf das Objekt angewendet werden können (z.B. der Inhalt des Zellbereichs soll gelöscht werden).
Die Kenntnis der Objekte und die richtige Anwendung ist eine der zeitaufwendigsten Probleme in VBA.
VBA ist eine ereignisorientierte Programmiersprache, d.h. durch ein bestimmtes Ereignis wird eine Befehlsfolge automatisch abgearbeitet. Ein Ereignis wäre das Anklicken eines Buttons oder die Auswahl eines Elements aus einem Listenfeld. Ereignisse sind vordefiniert.
VBA enthält aber auch Konzepte, die aus der strukturierten Methode stammen. So können Module mit Prozeduren und Funktionen entworfen werden.

Eine rein objektorientierte Analyse- und Design-Methode kann nicht verwendet werden, sondern es werden verschiedene Techniken aus beiden Bereichen gemischt. Da es sich in dieser Makrosprache nicht anbietet, sehr große und hochkomplexe Systeme zu modellieren, werden Methoden angewendet, die bekanntermaßen für kleinere Probleme geeignet sind. Folgende Dokumente sollten für eine EXCEL-Anwendung in der Analyse-Phase erstellt werden:

---

[7] Will man objektorientierte Methoden anwenden, sie eignen sich für einen großen Anwendungsbereich, und gößere Programme schreiben, so gibt es eine Reihe von möglichen Alternativen: C++, Smalltalk, Java und Eiffel beispielsweise. Eine Charakteristik dieser Sprachen wird in mehreren Aufsätzen im Informatik Spektrum, Organ der GI, Dezember 1997 gegeben. Diese Artikel beschäftigen sich mit der Auswahl einer Programmiersprache unter dem Gesichtspunkt der Ausbildung.
Besonders die Programmiersprache Java läßt die Wellen der Computerwelt hoch schlagen. So schreibt Pich in der Zeitschrift Chip 2/1998 unter dem Titel „Kriegt Java die Kurve?“: „Experten trauen der neuen Programmiersprache durchaus zu, die Branche umzukrempeln. Die simple Hoffnung dahinter: die Vorherrschaft Microsofts im PC-Bereich zu brechen. Andere sehen in Java lediglich eine Modeerscheinung, für die die Begeisterung wieder verpuffen wird und die dem Platzhirsch Windows nichts anhaben kann ... .“

a) Anforderungskatalog

- mit funktionalen Anforderungen und nichtfunktionalen Anforderungen

Der Anforderungskatalog[8] sollte klar und nicht verschieden interpretierbar, vollständig, verifizierbar und frei von Widersprüchen sein. Fehlerquelle ist die natürliche Sprache. Die deutsche Sprache ist, im Gegensatz zur mathematischen Formel oder formalen Notation, unpräzise. Es müssen kurze und klare Sätze gebildet werden. Bei der Zusammenarbeit von mehreren Partnern (Auftraggeber und Auftragnehmer) muß der Anforderungskatalog gemeinsam ausgearbeitet werden (Interviews am Arbeitsplatz). Die Ist-Aufnahme ist sehr schwierig. Wie bekommt man in einem Interview alle notwendigen Informationen, um die zu modellierenden Prozesse und Abläufe ausreichend zu beschreiben? In unserem Beispiel gehen wir davon aus, daß die Informationen vollständig vorliegen. Die Prozesse werden in einer Tabelle beschrieben. Eine tabellarische Darstellung bildet für eine begrenzte EXCEL-Anwendung einen brauchbaren Ausgangspunkt. Im Anhang *Fragen und Formulare für die Prozeßbeschreibung* sind typische Fragen für ein Interview und Formulare für die Zusammenfassung der Antworten gegeben.

b) Tabellenkarten (Karteikarten)

- Titel der Tabelle und Verantwortlichkeiten
- Namen, die in der Tabelle festgelegt werden sollen
- Server (eventuell andere Tabellen, die genutzt werden)

Diese Tabellenkarten sind eigentlich CRC-Karten (Class-Responsibility-Collaboration) nach Wirfs-Brock[9] (leicht abgeändert). Die Karten werden bei

---

[8] Eine besonders ausführliche Darstellung dieser Problematik findet sich bei Sommerville „Software Engineering", Addison Wesley Verlag. Er geht auf die notwendigen Punkte eines Anforderungskatalogs ein und gibt eine Vielzahl von Hinweisen und Beispielen für die richtige Notation.

[9] Wirfs-Brock („Objektorientiertes Software-Design", Hanser Verlag) findet Klassen aus dem Anforderungskatalog in erster Linie über Verantwortlichkeiten, Responsibility-Driven-Design (RDD). Die Definition von Klassen und die Zuordnung der Verantwortlichkeiten ist bei Wirfs-Brock ein Wechselspiel (keine Klasse ohne Verantwortlichkeit und umgekehrt). Wirfs-Brock plädiert für eine gleichmäßige Aufteilung der Verantwortlichkeiten. Auch das Finden von Klassenhierarchien wird hier im Wesentlichen über Verantwortlichkeiten gesteuert. Diese Vorgehensweise setzt eine genaue Analyse der Anforderungsspezifikation voraus.

der objektorientierten Methode zur Modellierung von Klassen eingesetzt. Das Finden zweckmäßiger Klassen ist ein Hauptproblem der Objektorientierung. Einige Verfasser bieten Kataloge an.[10] Im Sinne unserer EXCEL-Analyse heißt das, die richtigen Tabellenblätter zu finden.

Die folgende Abbildung zeigt eine Tabellenkarte. Sie sollten diese Karten auf Karteikarten der Größe DIN A5 anlegen und sämtliche Eintragungen mit einem Bleistift vornehmen, damit eventuelle Änderungen problemlos übernommen werden können.

<table>
<tr><td colspan="2">Tabellenname</td></tr>
<tr><td colspan="2">EXCEL-Namen zur Verwendung in den Tabellen</td></tr>
<tr><td>Verantwortlichkeiten</td><td>Server (bei Kooperation)</td></tr>
</table>

Verantwortlichkeiten sind Dienstleistungen, die eine Tabelle im Gesamtsystem erbringen muß. Für diese Dienstleistung werden gegebenfalls weitere Tabellen benötigt (Server).

Verantwortlichkeiten sind Dienstleistungen (Wissen und Operationen), die ein Objekt auf der Grundlage von Verträgen erbringen kann. Wenn eine Verantwortlichkeit einer Klasse zugewiesen wird, dann muß jedes Objekt dieser Klasse den Vertrag erfüllen können.

Ein Vertrag ist eine Liste von Dienstleistungen die ein Objekt der einen Klasse von dem Objekt einer anderen Klasse anfordern kann. Man könnte auch sagen: Ein Vertrag beinhaltet alle Anforderungen an einen Server.

[10] Es gibt eine ganze Reihe von Verfassern, die sich mit der Findung von guten Klassen beschäftigen. Schader und Rundshagen versuchen in „Objektorientierte Systemanalyse“, Springer Verlag, Berlin, Heidelberg etc. einen Katalog von Klassenkandidaten zusammenzustellen:

- Personen, die innerhalb eines Problembereiches eine Rolle einnehmen
- Dinge im Problembereich oder des DV-Systems, auf dem das Projekt abgearbeitet wird
- Orte im Problembereich oder Einrichtungen
- Beschreibungen in Form von Standards, Sortimenten, Produktofferten, Katalogen
- Ereignisse oder Vorgänge im System
- Interaktionen zwischen zwei oder mehreren Objekten
- Externe Systeme, die zum Problembereich gehören

c) Kooperationsbeziehungen

Die Kooperationsbeziehungen der Tabellen werden durch eine einfache Grafik dargestellt.[11] Diese Kooperationsgrafiken werden auch zur Darstellung der Beziehungen zwischen den VBA-Modulen genutzt.

d) Grundlegende Benutzersichten

Der Aufbau der EXCEL-Tabellen und Formulare muß entwickelt werden. Diese Tätigkeit kann in EXCEL selbst erfolgen. Ein bestätigtes Blatt steht dann sofort für die Programmierung zur Verfügung.

e) Entwurf der Module

Die notwendigen Module werden nach folgenden Gesichtspunkten entworfen: Tabellen bündeln eine bestimmte Funktionalität, die durch die Verantwortlichkeiten repräsentiert wird. Auch in einem Modul soll sich diese Funktionalität wiederfinden, d.h. die Verantwortlichkeiten werden in einem Modul implementiert.
Die Module sollen möglichst unabhängig voneinander sein. Aus diesem Grund werden keine globalen Variablen zugelassen.
Der Aufruf von Prozeduren aus einem anderen Modul ist nur dann erlaubt, wenn eine entsprechende Client-Server-Beziehung auf den Klassenkarten verzeichnet ist. Die Beziehung der Module wird in einem Kooperationsdiagramm dargestellt.

f) Namenskonventionen

Besonderer Wert wird auf eine sinnvolle und zweckmäßige Namensgebung gelegt. Prozeduren und Funktionen müssen besonders sorgfältig betrachtet werden, da sie grundsätzlich öffentlich sind. Sie bekommen einen zusammengesetzten Namen. Er besteht aus einem Substantiv und einem Verb. Das Substantiv bezeichnet den Gegenstand der Aktion. Das Verb bezeichnet die Aktion, z.B. *Kundenarbeit_Veranlassen*. Es wird weiter unten im Text noch mehrmals auf diese Problematik eingegangen.

Der Anfang dieses Kapitels hat sich mit der Gliederung des Software-Lebenszyklus beschäftigt. Es wurde erläutert, daß man sich den Software-Entwicklungsprozeß als eine Spirale vorstellen kann. In jeder Runde dieser Spirale werden die Phasen *Analyse*, *Design* und *Programmierung eines*

---

[11] Wirfs-Brock („Objektorientiertes Software-Design", Hanser Verlag) schlägt solche einfachen Kooperationsgrafiken vor.

Prototyps durchlaufen. Dieser Prototyp wird bewertet (natürlich insbesondere von dem späteren Nutzer), um dann die nächste Runde der Spirale zu beginnen. Das folgende Kapitel beschreibt die erste Runde auf dieser Spirale.

2 Funktionalität sicherstellen – die erste Runde

2.1 Analyse

Anforderungen formulieren

Die folgende Tabelle enthält einige Stichpunkte zu den Anforderungen, die für dieses recht kleine Problem genügen sollen. Anforderungen in Tabellenform niederzuschreiben, hat den Vorteil, daß eine große Übersichtlichkeit gegeben ist. Die Tabelle ist aber in der Regel nur ein Schritt für die Zusammenfassung der in der Ist-Aufnahme gewonnenen Informationen. Für größere Probleme sollten diese Informationen in einem vollständigen Anforderungskatalog zusammengefaßt werden. Ist das Problem relativ klein und die Funktionalität überschaubar, kann man, wie in diesem Fall, nur eine Tabelle erstellen.

Funktionselemente	Anforderungen
Angebot zusammenstellen	Übernahme des Kunden aus einer Liste, Übernahme des Materials aus einer Liste, Vergabe eines Festpreises, Vergabe eines Mengenrabatts,
Stammdaten: Kunde	Neuanlage, Bearbeiten, Löschen
Stammdaten: Material	Neuanlage, Bearbeiten, Löschen
Kalkulation drucken	Übernahme der Daten in eine Druckliste, Bereitstellung des Bruttopreises, Ausdruck

Die vier Funktionselemente werden in vier Tabellen dargestellt: *Kalkulationsblatt*, *Kundenliste*, *Materialliste* und *Druckliste*. Jede Tabelle hat bestimmte Verantwortlichkeiten. Zur Erfüllung dieser Verantwortlichkeiten sind Dienste (Server) anderer Tabellenblätter erforderlich. Die Tabellenkarten werden im folgenden Abschnitt formuliert.

Tabellenkarten anlegen

Für die vier EXCEL-Tabellen sind die folgenden Karten erforderlich. Die in den Karten verwendeten Namen werden weiter unten erklärt.

Kalkulationsblatt	
Rabatt, SummeVP, Festpreis, Angebotspreis, Verweistab, Kundengr	
Verantwortlichkeiten	Server
Kundendaten anzeigen Materialdaten anzeigen Druckliste erstellen Betriebswirtschaftliche Kennwerte berechnen Einträge zurücksetzen	Kundenliste Materialliste Druckliste

Kundenliste	
Verantwortlichkeiten	Server
Kundendaten pflegen Kundendatensatz suchen Kundendatensatz übertragen	

Materialliste	
Verantwortlichkeiten	Server
Materialdaten pflegen Materialdatensatz suchen Materialdatensatz übertragen	

Druckliste	
Verantwortlichkeiten	Server
Bruttopreis bereitstellen	

Eine grafische Darstellung des Zusammenwirkens dieser Tabellen kann das Verständnis für die Problemstellung erhöhen und erleichtert den Dialog mit den Partnern.

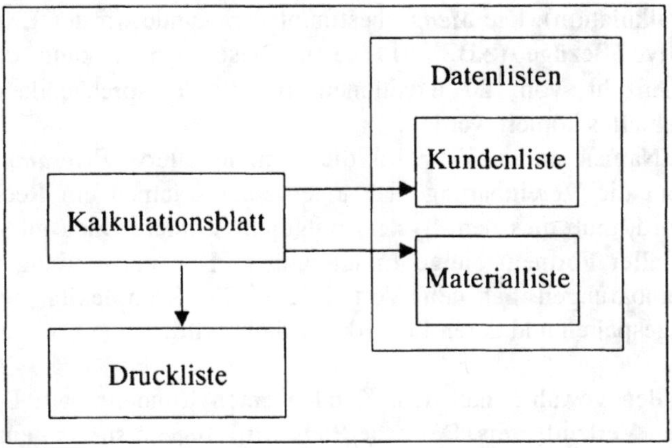

Die Pfeile geben die Art der Beziehung an. *Materialliste*, *Kundenliste* und *Druckliste* stellen Dienste für das Kalkulationsblatt zur Verfügung. In diesem Fall ist jeweils nur eine Verantwortlichkeit an die Beziehung geknüpft. Bestehen mehrere Beziehungen zwischen zwei Tabellen, sollten diese dann benannt werden. Kundenliste und Materialliste werden zu dem Begriff *Datenliste* zusammengefaßt. Solche Zusammenfassungen sind sinnvoll, da sie auch eine spezifische Art von Aufgaben gegenüber dem Client (*Kalkulationsblatt*) verdeutlichen.

In den folgenden Abschnitten werden genaue Beschreibungen der Tabellenblätter gegeben und Benutzersichten für die Blätter vorgeschlagen.

Tabellen gestalten

a) Kalkulationsblatt

Das Tabellenblatt dient zur Zusammenstellung des Angebots. Es sind im wesentlichen 3 Bereiche zu unterscheiden:

- Bereich für die Kundenanschrift und die Angebotsnummer
- Bereich für die eigentliche Kalkulation
- Bereich für die Artikel (vergleiche Vorlage weiter unten)

In der weiter unten abgebildeten Vorlage treten einige betriebswirtschaftliche Größen auf. Sie lassen sich folgendermaßen darstellen:

VPGesamt = `VP * Menge`

VPGesamt ist der Nettoverkaufspreis für einen Posten des Angebots. Der Verkaufspreis (*VP*) selbst kommt im allgemeinen aus dem Rechnungswesen (Zuschlagskalkulation). Die *Menge* bestimmt der Kunde. In der EXCEL-Formel stehen relative Bezüge (z.B. `=D17*E17`). Diese Formel kann dann für die maximale Anzahl von 20 Positionen in die entsprechende Spalte des Kalkulationsblattes kopiert werden.
Unter dem Namen *SummeVP* wird die Summe aller *VPGesamt* verstanden. Wünscht man die Vereinbarung, daß unter einem Namen ein Rechenausdruck verfügbar wird, muß dies dem System mitgeteilt werden. Dazu gibt es nach der Vorstellung aller Formeln einige Erläuterungen. Die Verwendung von solchen Namensvereinbarungen hat den Vorteil, daß die Komplexität von EXCEL-Formeln aufgespalten und deren Lesbarkeit erhöht wird.

In vielen Fällen gewährt man dem Kunden einen Kundenrabatt. Dieser *Rabatt* verringert den Verkaufspreis. Der neue Preis wird *Angebotspreis* genannt. Es gibt verschiedene Gründe, einen Rabatt zu gewähren (der Kunde ist Claudia Schiffer). Wir wollen zwei berücksichtigen - persönliche Ambitionen des Verkäufers sollen ausgeschlossen werden. Erstens - der Kunde kauft Posten, die eine Einheit bilden und die zu einem *Festpreis* angeboten werden (alle Komponenten eines Computers). Bilden die Komponenten keine Einheit, ist der Festpreis also Null, dann kann der Kunde zweitens - einen Mengenrabatt bekommen. Wir steuern diese Entscheidung mit einer bedingten Anweisung und einer Verweisfunktion.

Rabatt =
```
Wenn(SummeVP=0; "kein Mengenrabatt";_
Wenn(Festpreis=0; Sverweis(SummeVP; Verweistab;_
Kundengr);(SummeVP-Festpreis)/SummeVP))
```

Die Funktion *Wenn()* ist eine bedingte Anweisung mit zwei Ausgängen - *True* oder *False*. Diese Funktion wird in der Formel zur Bestimmung des Rabatts eingesetzt. Es ist ersichtlich, daß die *Wenn()*-Funktion geschachtelt werden kann und damit auch kompliziertere Sachverhalte dargestellt werden können. Als erstes erfolgt ein Test, ob überhaupt eine Eintragung vorgenommen wurde und dann wird geprüft, ob ein Festpreis vereinbart ist. Je nach Ausgang dieser Prüfung werden unterschiedliche Anweisungen ausgeführt.

Wenn(Wahrheitsprüfung; Dann_Wert; Sonst_Wert)

Die verwendete Verweisfunktion zur Bestimmung des Mengenrabatts hat die folgende Syntax:

Sverweis (Suchkriterium; Matrix; Spaltenindex; Bereich_Verw)

- *Suchkriterium*: Wert, der in der ersten Spalte der Matrix gefunden werden soll
- *Matrix*: Informationstabelle, in der Daten nachgeschlagen werden sollen (vergleiche *Nettopreis/Rabatt-Tabelle*)
- *Spaltenindex*: Nummer der Spalte, die den Wert liefern soll
- *Bereich_Verw*: *Wahr* oder *Falsch*, Wahr - erste Spalte ist aufsteigend sortiert

Nettopreis	Rabatt
0	0,00%
500	2,50%
1000	5,00%
5000	10,00%
15000	15,00%
20000	17,00%
25000	18,00%
50000	20,00%

Der Angebotspreis ist der rabattbehaftete Nettoverkaufspreis (Nettopreis) aller Posten.

Angebotspreis =
```
Wenn(SummeVP=0; "Material aus der_
Materialdatei einfügen!"; SummeVP*(1-Rabatt))
```

In den Formeln werden die folgenden Namen genutzt:

- *Angebotspreis*
- *Rabatt*
- *SummeVP*
- *Festpreis*
- *Verweistab*
- *Kundengr*

Der Name *Rabatt* steht für den oben berechneten Rabatt. Die *SummeVP* speichert die Summe aller *VPGesamt*, die Aufsummierung der Verkaufspreise aller Posten des Angebots also. Der Name *Festpreis* steht für den Bezug auf die Eingabezelle

des Festpreises. *Verweistab* gibt den Bezug auf die Verweistabelle an (*H8:J15*). Der Name *Kundengr* bezeichnet den Spaltenindex der Verweisfunktion.
Namen werden in dem Menü EINFÜGEN | NAMEN | FESTLEGEN vereinbart.

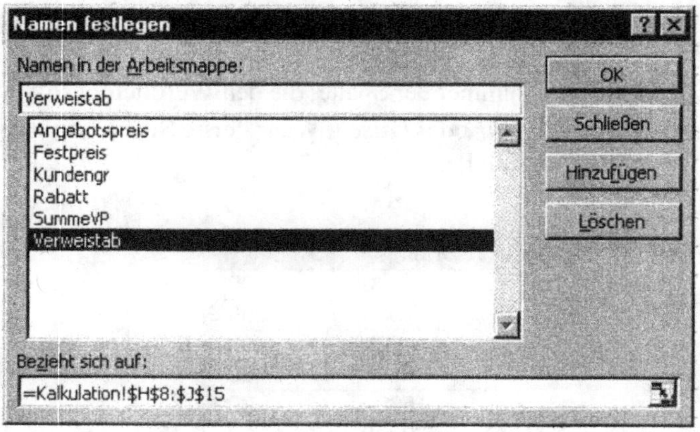

In das erste Textfeld wird die Bezeichnung des Namens eingetragen. In dem Textfeld *Bezieht sich auf* wird eine Formel, ein Bezug oder ein Wert eingetragen.

Vorlage:

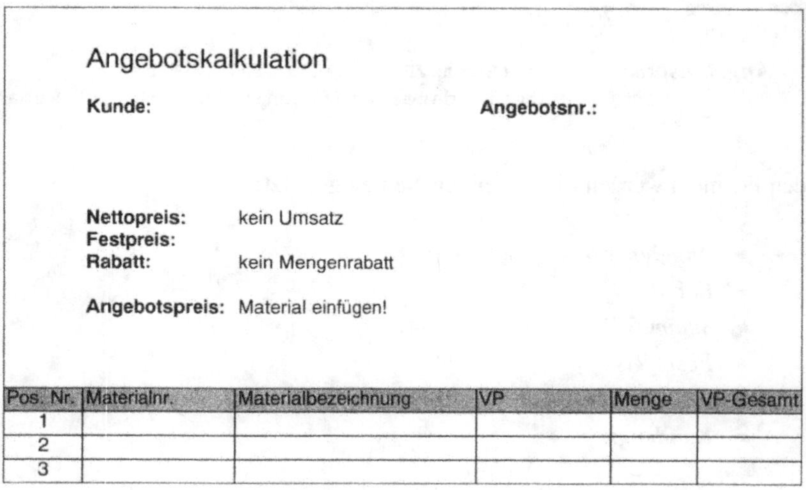

Angebotskalkulation

Kunde: **Angebotsnr.:**

Nettopreis: kein Umsatz
Festpreis:
Rabatt: kein Mengenrabatt

Angebotspreis: Material einfügen!

Pos. Nr.	Materialnr.	Materialbezeichnung	VP	Menge	VP-Gesamt
1					
2					
3					

b) Datenlisten

Für die Arbeit mit dem Kalkulationsblatt sollen die Datenlisten *Material* und *Kunde* erstellt werden. Diese beiden Tabellen bilden die Datenbasis. Die Speicherung der Informationen für die Angebotskalkulation in den genannten Tabellen soll das Schreiben der Angebote erleichtern und es ermöglicht eine schnelle Auskunft über das angebotene Sortiment, das ja durchaus sehr umfangreich werden kann. Die Datenbasis ist unvollständig (es werden in dieser Version keine Informationen über die getätigten Angebote gespeichert), aber im Interesse der Übersichtlichkeit (es geht zunächst einmal um die Grundlagen der Programmierung) werden keine weiteren Tabellen vereinbart. Die Felder oder Spalten der Tabelle hängen von der Funktionalität des modellierten Systems ab. Eine Kunden- oder Materialdatei kann gegebenenfalls sehr viele Datenfelder enthalten, wenn viele Funktionen damit bedient werden sollen. Die folgende Abbildung enthält die verwendeten Datenlisten mit den notwendigen Datenfeldern (es können auch eigene Daten verwendet werden z.B. Freunde und Bekannte bzw. reale Kunden):

Materialliste

MNR	Materialbezeichnung	VP	Matgr
HKN001	Netzwerkkarte, 32 Bit, Ethernet	850,00 DM	Netzkarten
HKG001	VGA-Grafikkarte,16 Bit	405,00 DM	Grafikkarten
HMC001	VGA-Monitor color	1085,00 DM	Farbmonitore
HMC002	20" Monitor, Auflösung 1280x1024	5750,00 DM	Farbmonitore
HMM001	VGA-Monitor schwarz/weiß	410,00 DM	Monitore
HSD001	PACII-Floppy 3 1/2", 1.44 MB	200,00 DM	Diskettenlauf-werke
HSF001	DataPacII 400 MB, 17 ms	540,00 DM	Festplatten
HTS001	MF-Tastatur	175,00 DM	Tastaturen

Kundenliste

KNR	Name	Strasse	Ort	PLZ
PS001	Heinz Lehmann	Rosenweg 3	Lübeck	23562
PL001	Hans Rode	Nelkenstr. 4	Hanshagen	17509
GH001	Hochschule	Schulstr. 7	Berlin	12389
GW001	Werft	Werftstr. 3	Hamburg	22340

Der Eintrag von Datensätzen kann in das Tabellenblatt selbst oder auch mit Hilfe von Datenmasken erfolgen. Dazu muß die Zeile mit den Feldnamen und der erste

Datensatz eingegeben werden. Dann kann eine beliebige Stelle der Tabelle angeklickt werden und mit DATEN | MASKE eine Eingabemaske aktiviert werden. Die Spalten der Tabellen bilden die Datenfelder (*MNR, Materialbezeichnung* usw.). Die Zeilen dieser Tabellen werden als Datensätze aufgefaßt, z.B.

HSF001	DataPacII 400 MB, 17 ms	540,00 DM	Festplatten

Will man sinnvoll mit diesen Tabellen arbeiten (z.B. ein ganz bestimmtes Material suchen) müssen die Datensätze sich unterscheiden. Es muß also ein Feld geben, anhand dessen ein Datensatz eindeutig identifizierbar ist. Dieses Feld ist das Schlüsselfeld (*KNR, MNR*). Die Schlüssel sind so aufgebaut, daß eine Gruppierung der Datensätze möglich wird.

c) Materialschlüssel:

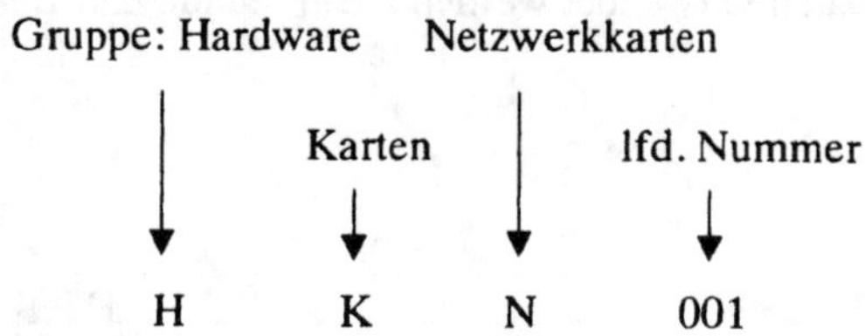

d) Kundenschlüssel:

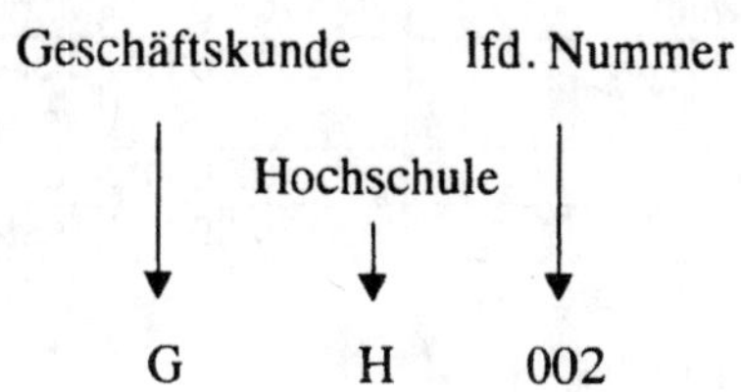

Durch diese Gruppierung ist eine mehrstufige Suche auf Grundlage des Schlüssels möglich.

EXCEL bietet mehrere Möglichkeiten, gewünschte Datensätze aus einer größeren Datenliste auszufiltern. Die Befehle befinden sich im Menü DATEN | FILTER. Das Ausfiltern der Datensätze erfordert die Eingabe entsprechender Suchkriterien. Der Kriterienbereich (vergleiche Abbildung weiter unten) enthält in der ersten Zeile die gewünschten Kriterien (Felder), in den darunterliegenden Zeilen können dann Werte für die Kriterien eingetragen werden. Es ist zu beachten, daß

nebeneinanderliegende Werte durch den Operator *UND* verknüpft sind, untereinandergeschriebene Werte sind *ODER* verknüpft.
Der Zielbereich nimmt alle Datensätze auf, die dem Suchkriterium entsprechen. Hieraus ergibt sich die Möglichkeit, Daten leicht weiterzuverarbeiten. Der Zielbereich enthält die gewünschten Feldnamen lückenlos, aber nicht unbedingt vollständig.
Feldnamen werden in den Zielbereich und in den Kriterienbereich hineinkopiert, um Schreibfehler zu vermeiden. In dem abgebildeten Beispiel wurden die Suchkriterien *KNR* und *Name* für die Tabelle *Kunde* vereinbart. Unter der Zelle mit *KNR* stehen die Zeichen *GH**. Es werden alle Datensätze gesucht, deren Kundenummer mit GH beginnt und mit beliebigen Zeichen endet (für diese beliebigen Zeichen wird das Symbol * verwendet). Im abgebildeten Zielbereich ist der Datensatz zu sehen, der diesem Kriterium entspricht. Das Filtern von Datensätzen kann mit dem EXCEL-Spezialfilter erfolgen.

KNR	Name
GH*	

Zielbereich				
KNR	Name	Strasse	Ort	PLZ
GH001	Hochschule	Schulstr. 7	Berlin	12389

Der Spezialfilter kann mit dem Befehl DATEN | FILTER | SPEZIALFILTER aktiviert werden. Es ist zu beachten, daß die Option AN EINE ANDERE STELLE KOPIEREN eingestellt wird.
Alle Datensätze, die dem vorgegebenen Suchkriterium entsprechen, werden dann in den Zielbereich kopiert. Wird die Option vergessen, werden die ausgefilterten Datensätze in der Tabelle selbst angezeigt. Mit dem Befehl DATEN | FILTER | ALLE ANZEIGEN wird die Datenliste wieder komplett.

EXCEL unterstützt noch weitere Funktionen mit Datenlisten (das Sortieren und das Bilden von Teilergebnissen), die hilfreich und sinnvoll sind. Sind umfangreiche Abfragen notwendig, sollten die Datenlisten nicht mehr unter EXCEL verwaltet werden. In solchen Fällen kann ein Datenbankmanagementsystem (DBMS) eingebunden werden. Bei der Einbindung von MS ACCESS als Server sind umfangreiche Abfragen problemlos machbar (vergleiche zweiten Teil dieses Buches).

e) Druckliste

In den meisten Fällen wünschen die Kunden einen Ausdruck des Angebots. Dazu muß ein Druckliste vorbereitet werden.

Computerhandelsgesellschaft
Vogelgasse 42
99999 Sperlingshausen

Datum:
Angebotsnr.:

Angebot

Wir bedanken uns für Ihr Interesse und erlauben uns, Ihnen das folgende Angebot zu unterbreiten.

Materialnr.	Materialbezeichnung	VP	Menge	VP-Gesamt

Nettoverkaufspreis:	
Rabatt:	
Angebotspreis:	
Mehrwertsteuer:	16,00 %
Bruttoverkauspreis:	

Es wird zunächst davon ausgegangen, daß der Kunde maximal für 20 Positionen ein Angebot unterbreiten lassen kann. Zwischen Tabellenkopf und dem Summenteil (*SummeVP* usw.) müssen 21 Zeilen freigelassen werden (20 Positionen und eine Leerzeile zum Absetzen). Der weitere Aufbau ist der oben stehenden Vorlage zu entnehmen (es kann selbstverständlich eine eigene Vorlage entworfen werden).
Mit dem Anlegen der Druckliste[12] sind die Vorbereitungen für die Programmierung abgeschlossen. In den weiteren Kapiteln wird die Automatisierung der Angebotskalkulation behandelt.
In EXCEL gibt es noch eine ganze Reihe von komfortablen Funktionen, mit denen die unterschiedlichsten Problemstellungen gelöst werden können. Im

[12] Es wurde hier eine möglichst einfache Form gewählt, da die Gestaltung von Formularen eine individuelle Aufgabe ist (Firmenlogo, Bankverbindung usw.).

Literaturüberblick zu diesem Teil werden einige interessante Bücher genannt, die eine Reihe von Problemlösungen mit EXCEL vorstellen.
Es können auch umfangreichere Problemstellungen mit einer größeren Anzahl von Tabellen sicher beherrscht werden. Man kann über große Tabellen komplizierte Auswertungen machen. Bei Tabellen mit mehreren tausend Zeilen (Verkaufsstatistiken über größere Zeiträume) muß dann allerdings ein gut ausgerüsteter Rechner zur Verfügung stehen. Ein schnellerer Rechner bringt mitunter enorme Zeiteinsparungen.
Die Tabellenblätter können über eine Programmierung miteinander verbunden werden. Dazu muß das Programm entworfen werden. Mit dieser Thematik beschäftigt sich das nächste Kapitel.

Aufgaben

- Legen Sie eine Arbeitsmappe *Angebotskalkulation* an und erstellen Sie das Arbeitsblatt *Kalkulation*!
- Tragen Sie die oben erläuterten Formeln in Ihr Kalkulationsblatt ein und vereinbaren Sie die notwendigen Namen!
- Fügen Sie in die Datenlisten *Material* und *Kunde* die Bereiche *Suchkriterien* und *Zielbereich* ein!
- Testen Sie diese Funktion und kopieren Sie die Daten aus dem Zielbereich an den richtigen Platz des Kalkulationsblatts!
- Legen Sie die Druckliste *Kalkulationsdruckliste* an!

Hinweise

Der Bruttoverkaufspreis errechnet sich aus der Mehrwertsteuer und dem Angebotspreis. Die Größen *Nettoverkaufspreis*, *Rabatt* und *Angebotspreis* können durch die Übernahme der Namen bereitgestellt werden. Namen haben in EXCEL, einmal vereinbart, in allen Tabellenblättern der Arbeitsmappe Gültigkeit. Bei der Vergabe von Bezeichnungen für Namen muß also der Überblick gewahrt bleiben. Das Niederschreiben der vereinbarten Namen auf den Tabellenkarten erleichtert diesen Überblick.
Falls Sie sich entschlossen haben, nur dieses Buch zu lesen und nicht die EXCEL-Anwendung selbst zu programmieren (was ich bedauern würde, denn nur was man selbst gemacht hat, prägt sich richtig ein), so können Sie auf der mitgelieferten Diskette die Arbeitsmappe *Angebotskalkulation_01* öffnen und wie oben beschrieben mit den Tabellenblättern arbeiten. Sie sollten dies auf jeden Fall tun, um die enorme Arbeitsersparnis durch eine sinnvolle Makroprogrammierung richtig einschätzen zu können.

Über die Zwischenablage kopieren Sie jetzt die gewünschten Materialdatensätze aus der Materialliste in das Kalkulationsblatt. Dann holen Sie auf die gleiche Art und Weise einen Kundendatensatz in die Kalkulation. Der Kundendatensatz wird aber mit dem Befehl INHALTE | EINFÜGEN und der Option TRANSPONIERT eingefügt. Damit erreichen Sie, daß die einzelnen Felder wie *Name*, *Vorname* usw. nicht nebeneinander, wie sie in der Liste stehen, eingetragen werden, sondern untereinander, so wie es im Kalkulationsblatt sein muß. Sie müssen die Mengen für die einzelnen Materialpositionen nachtragen, die notwendigen Daten aus der Kalkulation in die Druckliste übertragen und dann kann das Angebot ausgedruckt werden.

Wertung

Diese Verfahrensweise ist sehr umständlich. Die Daten sind völlig ungeschützt und das Risiko von falschen Eingaben ist sehr groß. Die Arbeit mit den einzelnen Tabellenblättern läßt sich nur durch eine Makroprogrammierung effektiv gestalten.

2.2 Entwurf

Es gibt ein ganze Reihe von Arbeiten bei einer Angebotskalkulation, die immer wieder auftreten, z.B. das Wechseln in die Materialliste bzw. Kundenliste, das Suchen von Datensätzen in den Listen, die Übernahme dieser Datensätze in das Kalkulationsblatt und das Erstellen einer Druckliste.
Realisieren kann man dies mit den Befehlen in den Menü- und Symbolleisten, aber EXCEL bietet noch eine andere Möglichkeit, solche Routinearbeiten zu automatisieren - die Makroprogrammierung.
Es geht bei der Makroprogrammierung darum, Befehlsfolgen zu definieren, deren Ausführung prinzipiell auch im Dialog möglich ist - aber auch solche Befehle, die nur in Makros verwendet werden können.

Makros werden in einer ganz bestimmten Programmiersprache verfaßt, VISUAL BASIC für Applikationen (VBA), und in sogenannte Module eingetragen.

Module bestimmen

Nachdem die logische Struktur des EXCEL-Programms festgelegt wurde, kann an die Planung der physischen Struktur herangegangen werden.
VISUAL BASIC-Code wird in Module geschrieben. Für ein VISUAL BASIC-Programm können mehrere Module erzeugt werden.
Ein Modul kann im VISUAL BASIC-Editor erstellt werden bzw. automatisch, wenn man im Menü EXTRAS den Befehl MAKRO AUFZEICHNEN nutzt.

EXCEL-Module ermöglichen, große Programme in überschaubare Einheiten zu gliedern. Sie kapseln eine bestimmte Funktionalität und haben eine genau definierte prozedurale Schnittstelle. Bei geschickter Vereinbarung solcher Module können sie in den unterschiedlichsten EXCEL-Programmen eingesetzt werden.
In diesem recht kleinen Fall werden zwei Module angelegt:

- *Modul_Kalkulationsblatt* für die Verantwortlichkeiten des Kalkulationsblattes
- *Modul_Datenlisten* für Verantwortlichkeiten der Datenlisten

Makros sind kleine Programmteile, in die Programmcode eingeschrieben werden kann. Der Begriff *Makro* steht für zwei Arten von Programmteilen, die in EXCEL-Module eingeschrieben werden können. Es handelt sich um Prozeduren und Funktionen. Prozeduren und Funktionen können sich gegenseitig aufrufen und falls erforderlich, können sie Parameter übergeben. Prozeduren beginnen mit dem Schlüsselwort *Sub* und enden mit dem Schlüsselwort *End Sub*. Funktionen beginnen mit *Function* und enden mit *End Function*. Was unterscheidet nun eine Prozedur von einer Funktion? Prozeduren können zwar bestimmte Aktionen durchführen (beispielsweise in eine andere Tabelle wechseln), aber keine Ergebnisse zurückgeben, z.B.

```
Kundendatenliste_Auswählen()
```

Anders bei den Funktionen - sie haben einen Rückgabewert. Vor dem Verlassen der Funktion muß der Rückgabewert der Funktion durch eine Zuweisung an den Funktionsnamen übergeben werden (Funktionsnamen und Namen für Prozeduren dürfen nicht länger als 255 Zeichen sein und keine Sonderzeichen enthalten. Der tief gesetzte Strich wird zur Unterteilung der Namen verwendet.).
Auf Grund der Tatsache, daß Prozeduren keinen Rückgabewert haben, aber Funktionen, unterscheidet sich der Aufruf der Funktion von dem der Prozedur. Der Wert der Funktion muß schon beim Aufruf einer Variablen zugewiesen werden. Variablen fungieren als Platzhalter im Speicher (auf Variablen wird weiter unten im Text eingegangen). Der Funktionswert wird im Speicher hinterlegt. VB stellt eine Reihe von Funktionen für die Programmierung zur Verfügung. Beispielsweise die allgemein bekannten trigonometrischen Funktionen, z.B. Funktion zur Berechnung des Tangens:

```
Ergebnis = Tan(5)
```

Weitere Informationen über Prozeduren und Funktionen (Übergabe von Parametern) werden gegeben, wenn sich das für die Angebotskalkulation erforderlich macht.

Jetzt erfolgt die Festlegung der Namen für die Makros (Prozeduren):

Modul_Kalkulationsblatt

Kundendatenliste_Auswählen()
Materialdatenliste_Auswählen()
Druckliste_Erzeugen()
Kalkulation_Zurücksetzen()

Modul_Datenlisten

MaterialDatensätze_Suchen()
MaterialDatensätze_Übertragen()
KundenDatensätze_Suchen()
KundenDatensätze_Übertragen()

Ein Widerspruch scheint die Vereinbarung der Prozedur *Druckliste_Erzeugen()* in dem Modul *Modul_Kalkulationsblatt* zu sein. Der Druck muß im Kalkulationsblatt veranlaßt werden und deshalb ist diese Zuordnung durchaus sinnvoll.

Aufgaben

- Legen Sie die genannten Module an!

Hinweise

Wechseln Sie mit EXTRAS | MAKRO | VISUAL BASIC-EDITOR in den VISUAL BASIC-Editor. Der Editor bietet Ihnen mehrere Fenster zur Ansicht. Welche Fenster angezeigt werden, kann im Menü ANSICHT des Editors bestimmt werden. Für uns ist an dieser Stelle das Projektfenster wichtig. Falls es nicht sichtbar ist, gehen Sie ins Menü ANSICHT und klicken Sie den PROJEKT-EXPLORER an! In diesem Fenster werden jetzt die von Ihnen angelegten Tabellen 1-4 angezeigt (*Kalkulation*, *Material*, *Kunde* und *Kalkulationsdruckliste*). Mit dem Befehl EINFÜGEN | MODUL werden die zwei Module nacheinander angelegt. Sie bekommen die Namen *Modul1* und *Modul2*. Die Module sollen in *Modul_Kalkulationsblatt* und *Modul_Datenlisten* umbenannt werden. Dazu muß das entsprechende Modul im Projektfenster markiert werden und dann kann im Eigenschaftenfenster die Eigenschaft *Name* entsprechend überschrieben werden. Ist das Eigenschaftenfenster nicht sichtbar, so kann es mit dem Befehl ANSICHT | EIGENSCHAFTENFENSTER sichtbar gemacht werden.

2.3 Implementation

Makros aufzeichnen

EXCEL bietet neben der Erfassung der Befehle in einem Programmeditor auch die Möglichkeit Befehlsfolgen aufzuzeichnen.

Hier einige praktische Hinweise zur Realisierung unter EXCEL.

Im Menü EXTRAS mit dem Befehl MAKRO | AUFZEICHNEN kann eine Aufzeichnung gestartet werden oder man blendet die entsprechende Symbolleiste ein (ANSICHT | SYMBOLLEISTEN | VISUAL BASIC).

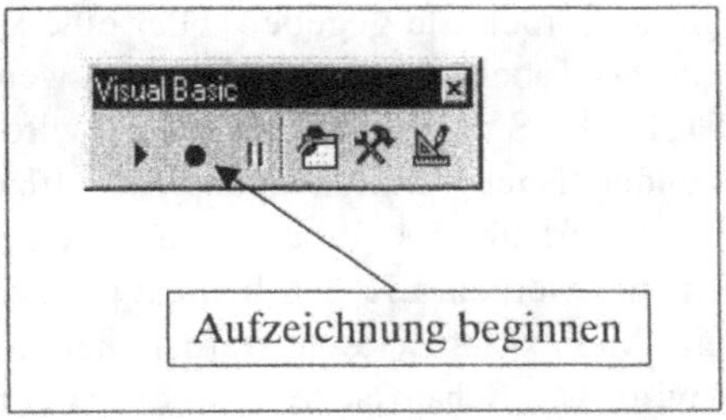

Neben den Namen können einige Eigenschaften (*Tastenkombination* und *Arbeitsmappe*) festgelegt werden. Bevor mit der Aufzeichnung begonnen wird, müssen alle Tätigkeiten, die zur Erledigung einer bestimmten Funktion (*Erzeugen einer Druckliste*) erforderlich sind, entweder im Kopf (kleine Folgen) oder in schriftlicher Form bereit liegen. Jeder Mausklick und jede Menüaktion, die gemacht wird, findet sich in dem aufgezeichneten Makro wieder. Werden viele Fehleingaben gemacht, erscheinen eine Menge unsinniger Befehle in der Prozedur, die sich nachher nur schwer von den notwendigen Befehlen unterscheiden lassen. Man muß das Ziel so effektiv wie möglich erreichen.
Während der Aufzeichnung erscheint ein Symbol, mit dem die Aufzeichnung beendet werden kann.

Makros starten

Nachdem das Makro vollständig aufgezeichnet wurde, kann es gestartet werden. Hier bietet EXCEL gleich mehrere Möglichkeiten an:

- EXTRAS | MAKRO | MAKROS... und die Schaltfläche AUSFÜHREN
- Eigene Symbole in einer eigenen oder vorhandenen Symbolleiste
- Schaltflächen (Symbolleiste FORMULAR)
- Buttons (Symbolleiste STEUERELEMENT-TOOLBOX)
- Eigene Befehle in eigenen Menüs und Menüleisten
- Tastenkombination (Short Cut)

Eine ausführliche Beschreibung dieser Möglichkeiten wird in der Online-Hilfe gegeben. Einige Möglichkeiten werden weiter unten im Text beschrieben.

Die in der folgenden Abbildung enthaltenen Schaltflächen wurden mit der Symbolleiste FORMULAR erzeugt und dienen zum Starten der Makros im Tabellenblatt *Kalkulation*. Unter der Abbildung befindet sich eine Beschreibung der Aktivitäten, die beim Anklicken der entsprechenden Schaltflächen abgearbeitet werden sollen. Solche Hinweise werden auch für die Schaltflächen in den Datenlisten und in der Druckliste gegeben. Hier eine kurze Darstellung, wie diese Steuerelemente in das Tabellenblatt eingezeichnet werden können. Mit dem Menübefehl ANSICHT | SYMBOLLEISTEN... wird die Symbolleiste FORMULAR eingeblendet. Nach Anklicken des Schaltflächensymbols mit der linken Maustaste kann innerhalb des Tabellenblattes eine Schaltfläche in der gewünschten Größe erzeugt werden. EXCEL blendet ein Dialogfeld ein, mit dem dieser Schaltfläche ein Makro zugewiesen werden kann, das beim Anklicken automatisch gestartet wird. Die Schaltfläche kann durch Anklicken markiert und dann formatiert werden.

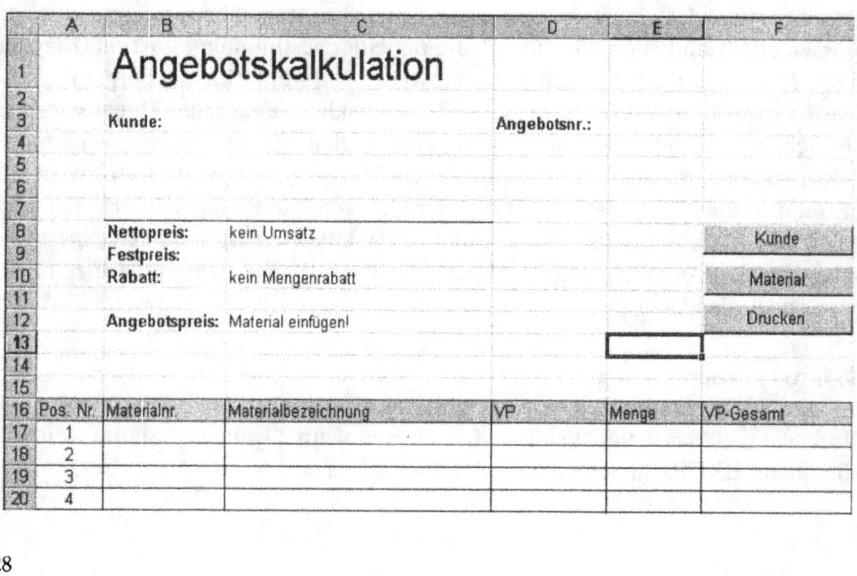

In der Angebotskalkulation befinden sich die folgenden Schaltflächen:

MATERIAL	zum Wechseln in die Datenliste *Material* (*Materialdatenliste_ Auswählen()*)
KUNDE	zum Wechseln in die Datenliste *Kunde* (*Kundendatenliste_ Auswählen()*)
DRUCKEN	zur Übernahme der notwendigen Daten aus dem Kalkulationblatt in die Druckliste und deren Ausdruck (*Druckliste_Erzeugen()*)

In den beiden Datenlisten sind die Schaltflächen:

ÜBERNAHME	für die Übernahme des Materialdatensatzes in das Kalkulationsblatt (*MaterialDatensätze_Übertragen()* bzw. *KundenDatensätze_Übertragen()*)
SUCHEN	zum Suchen eines Datensatzes entsprechend dem vorgegebenen Suchkriterium (*MaterialDatensätze_Suchen()* bzw. *KundenDatensätze_Suchen*)

In der Druckliste kann mit der folgenden Schaltfläche die gewünschte Aktion ausgelöst werden:

ZURÜCK	zum Zurücksetzen aller Eintragungen in der Druckliste, im Kalkulationsblatt und zum Aktivieren des Kalkulationsblattes (*Kalkulation_Zurücksetzen()*)

Aufgaben

- Zeichnen Sie die genannten Makros auf!
- Zeichnen Sie die Schaltflächen ein und testen Sie die Makros!

Hinweise

Das Ergebnis dieses Arbeitsschrittes finden Sie in der EXCEL-Mappe *Angebotskalkulation_02*.

Für die Aufzeichnung der Makros zum Übertragen der Datensätze aus dem Zielbereich der Kunden- bzw. Materialliste muß im Zielbereich ein Datensatz markiert werden. Ansonsten funktioniert der Befehl BEARBEITEN | KOPIEREN nicht. Die Aufzeichnung der Auswahl eines Datensatzes und damit eines bestimmten Bezugs im Zielbereich ist aber eigentlich unerwünscht. Deshalb muß dieser Befehl wieder gelöscht werden. Sie werden sicherlich feststellen, daß ein neues Modul angelegt wurde. Kopieren Sie die Makros in

die von uns angelegten Module *Modul_Kalkulationsblatt* und *Modul_Datenlisten*. Danach können Sie das durch die Aufzeichnung automatisch erstellte Modul mit DATEI | ENTFERNEN *Modul1* aus dem Projekt löschen. Wir wollen mit dieser Version weiterarbeiten.
Durch Klicken auf die Schaltfläche KUNDE gelangt man in die Kundendatenliste. Wir geben in den Kriterienbereich ein Suchkriterium ein (eine *Kundennummer* beispielsweise) und klicken auf das Button SUCHEN. Der Datensatz erscheint in dem Zielbereich. Jetzt klicken Sie auf die Schaltfläche ÜBERTRAGEN und der Kunde wird ins Kalkulationsblatt übernommen. Sie klicken auf die Schaltfläche MATERIAL und wechseln damit in die Materialliste. Sie geben jetzt als Suchkriterium ein *H** für die *Materialnummer* ein. Alle Datensätze bei denen die Materialnummer mit einem H beginnt, werden in den Zielbereich kopiert. Sie markieren den gewünschten Datensatz und klicken dann auf das Button ÜBERTRAGEN. Der Datensatz erscheint im Kalkulationsblatt. Mit der vorliegenden Version läßt sich einfacher und schneller arbeiten als mit der Version davor.

Wertung

Was passiert, wenn eine zweite Materialposition geholt wird? Der Test zeigt, daß beim Übertragen eines weiteren Datensatzes der erste Datensatz überschrieben wird. Das Programm läßt also nur den Verkauf von einer Materialposition zu. Angebote für eine Materialposition werden nur selten vorkommen. Auch die Daten sind noch nicht geschützt. Das Programm ist nicht benutzerfreundlich; es muß in den Blättern hin und her gesprungen werden, um an die Eingabepositionen zu gelangen.
Die aufgezeichneten Makros müssen ergänzt werden. Dazu müssen die wesentlichen Konzepte von VBA bekannt sein.

Fehlersuche unterstützen

In diesem Kapitel wird eine kurze Beschreibung des Menüs TESTEN im VISUAL BASIC-Editor gegeben, das zur Fehlersuche eingesetzt werden kann. Die Vorstellung der Testmöglichkeiten erfordert die Verwendung von Begriffen, die erst weiter unten im Text erläutert werden. Das Gesamtverständnis wird dadurch nicht beeinträchtigt.

Makros (Prozeduren und Funktionen) werden im Editor erfaßt. Formale Fehler führen zu einem sofortigen Programmabbruch. Man findet sie sehr schnell (Tippfehler, falsche Namen für Prozeduren und Funktionen, eine fehlerhafte Vereinbarung von Variablen).

Schwerer werden Fehler gefunden, die zur Laufzeit auftreten. Besonders Formatfehler, falsche Anwendung von Methoden und Objekten, Fehlermeldungen von Servern wie ACCESS bei der Verwendung der DAO-Bibliothek (vergleiche Data Access Object, Teil 2).
Besonders schwierig ist die Behandlung von Fehlern, die keine Fehlermeldung erzeugen, sondern ein falsches Ergebnis verursachen.

Tritt ein Laufzeitfehler auf, kann der VISUAL BASIC-Editor automatisch gestartet werden, wenn das Button TESTEN in der Fehlermeldung angeklickt wird.
Auch durch das Einfügen eines Haltepunkts in den Programmcode kann der Makro-Editor automatisch gestartet werden. Haltepunkte (Breakpoints) werden im Editor im Menü TESTEN mit HALTEPUNKT EIN/AUS eingefügt. Die gewünschte Programmzeile, die als Haltepunkt fungieren soll, muß vorher markiert werden.

Sinnvoll ist das Testen von Programmteilen im Einzelschrittmodus (zwischen zwei Haltepunkten oder für ein ganzes Makro) bei gleichzeitiger Überwachung von Variablen oder komplexen Ausdrücken (vergleiche nächsten Abschnitt). Der Einzelschrittmodus kann im Menü TESTEN mit den entsprechenden Befehlen vereinbart werden (EINZELSCHRITT, PROZEDURSCHRITT, PROZEDUR ABSCHLIEßEN und AUSFÜHREN BIS CURSOR POSITION). Ein Überwachungsausdruck kann mit ÜBERWACHUNG HINZUFÜGEN erzeugt werden. Die gewünschten Ausdrücke werden in einem Überwachungsfenster angezeigt. Der aktuelle Wert einer Variablen kann mit dem Befehl AKTUELLEN WERT ANZEIGEN ausgegeben werden. Dazu muß die gewünschte Variable im Quellcode markiert werden.

In umfangreichen Anwendungen sollten Testhilfen eingebaut werden. So machen sich beispielsweise zusätzliche Ausgaben (*MsgBox*) und Kontrollvariablen gut, um bei Problemfällen eine möglichst vollständige Programmkontrolle zu erreichen.

Übung

Probieren geht über studieren! Lassen Sie ein aufgezeichnetes Makro im Testfenster schrittweise laufen!

Technik des Programmierens

Die Nachteile eines nur aufgezeichneten Programms liegen auf der Hand. Man ist etwas schneller als bei einer ausschließlichen Nutzung des EXCEL-Menüs, aber es ist nicht perfekt. Einige Dinge funktionieren auch nicht richtig.

Mit Hilfe von VISUAL BASIC für Applikationen (VBA) lassen sich perfekte Programme schreiben.

In den Ausführungen weiter oben wurde eine Einordnung von VISUAL BASIC vorgenommen und der Objektbegriff erklärt.
Es stehen in dieser Programmiersprache neben allgemeinen Objekten wie Steuerelemente (*Buttons*, *Listenfelder* usw.) auch die speziellen Objekte (z.B. *Tabellen* bzw. *Tabellenbereiche* oder *Zellen*) zur Verfügung. Das erleichtert nicht gerade den Überblick, aber wer sich in EXCEL gut auskennt, wird auch „Step by Step“ sehr schnell recht gute Anwendungen entwickeln können.
Die Verknüpfung von Objekt und Eigenschaft bzw. Objekt und Methode läuft nach folgendem Schema:

```
Objekt.Eigenschaft = Wert
Eigenschaftswert = Objekt.Eigenschaft

Objekt.Methode Par1, Par2
```
(für eine Methode ohne Rückgabewert)

```
Methodenwert = Objekt.Methode (Par1, Par2)
```
(für eine Methode mit Rückgabewert)

Es können mehrere Methodenaufrufe verbunden werden:

```
Objekt.Methode(Par1, Par2).Methode
```

Beispiel aus einem aufgezeichneten Programm:

```
Sub Kundendatenliste_Auswählen()
  Sheets("Kunde").Select
End Sub
```

Sheets("Kunde") gibt ein EXCEL-Objekt (*Kundendatenliste*) zurück, auf das die Methode *Select* angewendet wird (auf dem Bildschirm erscheint die Kundenliste).

Zwischen Groß- und Kleinschreibung wird in VISUAL BASIC nicht unterschieden (*Select* und *select* sind gleiche Schlüsselwörter). Es erhöht die Übersichtlichkeit, wenn alle Schlüsselwörter groß beginnen.

Objekte haben Eigenschaften. Eigenschaften können zur Entwurfszeit im Eigenschaftenfenster des VISUAL BASIC-Editors eingestellt werden bzw. zur Laufzeit durch ein Makro. Für das Zuordnen von Eigenschaften das folgende kleine Beispiel:

```
Sub Programmtitel_Ändern()
  Application.Caption = "Kalkulationsprogramm"
End Sub
```

Application steht für die gesamte Anwendung. Dieses Objekt steht in der Objekthierarchie ganz oben (vergleiche Ausführungen weiter unten). Der Titel der Anwendung (*Caption*-Eigenschaft) wird in *Kalkulationsprogramm* umbenannt.
Die möglichen Objekte und deren Eigenschaften sind in einem Objektkatalog abgelegt, der durch das entsprechende Symbol in der Symbolleiste VISUAL BASIC eingeblendet werden kann.

Gegebene EXCEL-Objekte können sehr viele Eigenschaften haben. Die Eingabe der Eigenschaften kann so sehr aufwendig werden. Mit *With ... End With* ist ein Konstrukt gegeben, mit dem Eigenschaften effektiver eingegeben werden können. Es wird folgendermaßen angewendet:

```
With Application
  .Caption = "Kalkulationsprogramm"
End With
```

Programme müssen ausreichend kommentiert werden - auch wenn das Programm noch sehr klein ist. Kommentare werden mit einem Apostroph eingeleitet. Bei Verwendung der Standardeinstellungen im Editor werden die Kommentare grün gekennzeichnet.

```
'Setzen der Caption-Eigenschaft für das Application-Objekt
With Application
  .Caption = "Kalkulationsprogramm"
End With
```

Variablen und Konstanten

a) Variablen

Es können, wie in jeder anderen Programmiersprache, Konstanten und Variablen verwendet werden.
Variablen sind Platzhalter für Zahlen, Textzeichen oder andere Daten. Variablen werden dazu verwendet, Daten während des Programmablaufs vorübergehend zu speichern und mit ihnen Berechnungen durchzuführen.

Steht am Beginn des Moduls die Anweisung *Option Explicit*, müssen alle Variablen vor ihrer Verwendung mit dem Kommando *Dim* definiert werden. Diese Anweisung ist ein wirksamer Schutz gegen Tippfehler. Eine Prozedur wird nicht ausgeführt, bevor nicht alle darin vorkommenden Variablen deklariert sind.

Variablen haben einen bestimmten Gültigkeitsbereich. Stehen die *Dim*-Anweisungen am Anfang des Moduls (nicht innerhalb einer Prozedur), so sind die Variablen in allen Prozeduren des Moduls bekannt. Wird eine Variable innerhalb einer Prozedur mit *Dim* vereinbart, so gilt sie nur in dieser Prozedur. Bei Verwendung des Schlüsselworts *Public* im Modulkopf ist sie öffentlich und in allen Modulen bekannt. Es ist äußerst sinnvoll Variablen nur dort bekannt zu machen, wo sie auch wirklich gebraucht werden. Man vermeidet so Fehlermöglichkeiten. Es besteht die Möglichkeit eine Variable mit *Static* innerhalb einer Prozedur zu vereinbaren (und nur hier). Der Unterschied zu einer mit *Dim* vereinbarten Variable besteht darin, daß sie nach Verlassen der Prozedur nicht gelöscht wird, sondern den Wert, den sie beim letzten Aufruf hatte, behält.
Für Variablennamen gilt das Gleiche, wie für Prozedurnamen (255 Zeichen, keine Sonderzeichen). Sie dürfen nicht mit VBA-Schlüsselwörtern übereinstimmen (*Sub, For, End* usw.) und müssen mit einem Buchstaben beginnen.

Es kann gegebenenfalls viel Speicherplatz sparen, wenn man bei der Definition den gewünschten Typ (was soll unter der Variablen gespeichert werden - Text oder Zahlen usw.) angibt. Standardmäßig (default typ) wird der Typ *Variant* angenommen (man kann alles speichern - Texte, Zahlen, Objekte usw.). Er verbraucht aber am meisten Speicherplatz.

VBA kennt folgende Standardtypen:

Boolean	für Wahrheitswerte (*True* oder *False*); 2 Bytes Speicherbedarf
% Integer	für ganze Zahlen; 2 Bytes
& Long	für ganze Zahlen; 4 Bytes
! Single	für Fließkommazahlen mit einfacher Genauigkeit (8 Stellen); 4 Bytes
# Double	für Fließkommazahlen mit doppelter Genauigkeit (16 Stellen); 8 Bytes
@ Currency	für Festkommazahlen mit 15 Vor- und 4 Nachkommastellen; 8 Bytes
Date	für Datum und Uhrzeit; 8 Bytes
Object	für den Verweis auf Objekte; 4 Bytes
$ String	für Zeichenketten; Speicherbedarf je nach Zeichenanzahl (1 Byte pro Zeichen plus einige Bytes für Verwaltungsinformationen)

Variant für beliebige Daten in einem der obigen Datentypen; mindestens 16 Bytes

Neben den Standardtypen können eigene Datentypen definiert werden. Die erforderlichen Kommandos sind *Type* und *End Type*.

Jeder Variablen muß der Datentyp separat mit einer *Dim*-Anweisung zugewiesen werden. Die Wertzuweisung an eine Variable kann durch eine Anweisung (z.B. *Kundennummer = "GH001")* erfolgen.

Eine Ausnahme bilden Objektvariablen. Diese Variablen werden mit dem Schlüsselwort *Set* zugewiesen. Solche Variablen werden weiter unten im Text gebraucht.

b) Konstanten

Werden Platzhalter benötigt, die während des gesamten Programmablaufs konstant bleiben, so können Konstanten vereinbart werden. Konstanten beginnen mit dem Schlüsselwort *Const* und können einen bestimmten Typ haben *(Const Anzahl as Integer = 1000)*. VBA und EXCEL enthalten eine größere Anzahl vordefinierter Konstanten. Sie beginnen mit *vb...* bzw. *xl...* .

c) Felder

Möchte man in eine Variable eine Liste von Werten speichern und diese über einen Index ansprechen, so bietet sich die Verwendung von Feldern an. Die Anweisung *Dim Feld(100) As Integer* legt ein Feld mit 101 Elementen fest. Der Index geht von 0 bis 100. Es handelt sich um ein eindimensionales Feld. Felder können auch mehrere Dimensionen haben. Der Zugriff auf ein Feld erfolgt mit Hilfe des Index, z.B. *Feld(100) = 10*.
Es gibt die Möglichkeit der Verwendung von dynamischen Feldern (Feldgröße wird während des Programmablaufs verändert) und von Datenfeldern.

Die folgende kleine Übung zeigt die Verwendung von Variablen:

Übung

Als Beispiel kann die Fläche eines Quadrats mit der Prozedur *Quadrat()* berechnet werden.

```
Option Explicit

Dim Länge&
```

```
Dim Fläche&

Sub Quadrat()
  Länge = 10
  Fläche = Länge^2
  Debug.Print Fläche
End Sub
```

Der Befehl *Debug.Print* gibt das Ergebnis in einem Testfenster aus. Das Fenster kann mit der Tastenkombination <Strg> + <G> geöffnet werden.

```
Sub Rechteck()
  Dim Breite&
  Länge = 10
  Breite = 20
  Fläche = Länge * Breite
  Debug.Print Fläche
End Sub
```

Man sieht, daß *Breite* innerhalb von *Rechteck()* vereinbart wurde. Da diese Variable nicht im Modulkopf steht, ist sie nur in *Rechteck()* bekannt.

MsgBox und InputBox

Es gibt die unterschiedlichsten Möglichkeiten, Bildschirmausgaben zu realisieren, eine davon wurde in der obigen Übung genutzt: *Debug.Print*. Es gibt auch die Möglichkeit, den Befehl *MsgBox* zu nutzen. Dieser Befehl gibt Mitteilungen oder Werte für Variablen innerhalb eines kleinen Meldungsfensters auf dem Bildschirm aus.
Mit der Funktion können benutzergesteuerte Bildschirmausgaben realisiert werden.

Bisher wurde davon ausgegangen, daß die Wertzuweisung an eine Variable durch eine Anweisung erfolgt. Es gibt viele Anwendungsfälle, bei denen muß die Wertzuweisung zur Laufzeit durch eine Benutzereingabe realisiert werden. Mit dem Befehl *InputBox* kann eine benutzerdefinierte Eingabe realisiert werden. Die folgende kleine Übung verdeutlicht die Verwendung dieser beiden Befehle.

Übung

```
Option Explicit

Dim Länge&
Dim Fläche&

Sub Quadrat()
```

```
    Länge = Clng(InputBox("Bitte die Länge eingeben!",_
      "Quadrat"))
    Fläche = Länge^2
    MsgBox Fläche
End Sub
```

Datenkonversion

InputBox gibt das Ergebnis als Zeichenkette zurück. Für die Berechnung des Quadrats wird ein numerisches Format für Länge (*Long*) benötigt (Verwendung von numerischen Operatoren). Es besteht die Möglichkeit der Datenkonversion. Mit der oben eingesetzten Funktion *Clng* kann eine Zeichenkette oder ein *Variant*-Format in ein numerisches Format vom Typ *Long* umgewandelt werden. Weitere Funktionen sind: *Cint, Csng, Cdbl* und *Ccur*. Voraussetzung ist, daß das Argument eine gültige Zahl beinhaltet. Bei deutscher Ländereinstellung wird das Komma zur Trennung von Vor- und Nachkommastellen genutzt, der Punkt wird zur Tausendertrennung verwendet.

Mit der Funktion *Cstr* kann ein beliebiger numerischer Wert bzw. ein Datumswert oder ein Zeitwert in eine Zeichenkette umgewandelt werden.

Tabellenbereiche und Zellen auswählen

Für unser Programm macht es sich erforderlich, daß Variablen, die beispielsweise über eine *InputBox* eine Wertzuweisung bekommen haben, in Zellen oder Zellbereiche eingetragen werden. Dazu müssen diese Bereiche ausgewählt werden. Es werden zwei Schlüsselwörter dazu genutzt: *Range* und *Cells*. An dem folgenden Beispiel wird deren Verwendung kurz erläutert. Weitere Hinweise werden auch in den anschließenden Kapiteln gegeben.[13]

```
• Range("H4").Select               'aktiviert die Zelle H4
• [H4].Select                      'Kurzschreibweise, aktiviert H4
• Cells(4,8).Select                'aktiviert die Zelle H4
• Selection.Offset(1,0).Select     'aktiviert eine Zelle,
                                   'die eine Zeile tiefer liegt
• ActiveCell.Range("A2").Select    'aktiviert eine Zelle, die
                                   'Eine Zeile tiefer liegt
```

Es ist wirklich nicht ganz einfach, sich mit diesen vielen Schlüsselwörtern zurechtzufinden.

---

[13] Hier soll nochmals auf das schon erwähnte Buch von Kofler „VBA-Programmierung mit EXCEL 7.0" hingewiesen werden. Er gibt eine sehr umfassende und gut strukturierte Übersicht der Sprachelemente von VBA. Dieses Buch stellt die praktische Anwendung in den Mittelpunkt.

Aufgaben

- Realisieren Sie die Eingabe der Suchkriterien über eine Eingabebox für die Kunden- und Materialdatenliste! Erweitern Sie dazu, die von ihnen aufgezeichneten Makros zum Suchen von Kunden- bzw. Materialdatensätzen!

Hinweise

Lesen Sie bitte in der Online-Hilfe die Eintragungen zu den Befehlen *MsgBox* und *InputBox* nach. Das Programm zur Eingabe der Suchkriterien in die Kundendatenliste hätte dann folgendes Aussehen:

```
Option Explicit

Dim Kundennummer As String
Dim Kundenname As String

Sub Kundendatensätze_Suchen()
  Kundennummer = InputBox("Bitte die Kundennummer eingeben_
   !","Suchkriterien")
  Range("H4").Formula = Kundennummer
  Kundenname = InputBox("Bitte den Kundennamen eingeben!",_
   "Suchkriterien")
  Range("I4").Formula = Kundenname
  Range("A4:E14").AdvancedFilter Action:=xlFilterCopy,_
   CriteriaRange:=Range("H3:I4"),_
   CopyToRange:=Range("H9:L9"), Unique:=True
End Sub
```

Das *Range*-Objekt, das genutzt wird, bezieht sich hier auf jeweils eine einzelne Zelle *Range("H4")* bzw. auf einen Zellbereich *Range("A4:E14")*. Es ist auch eine Kurzschreibweise z.B. *[H4]* erlaubt. Der Inhalt der aktiven Zelle kann über die Eigenschaft *Formula* verändert werden. Wir setzen sie gleich unseren Variablen, denen wir mit *InputBox* einen Wert zugewiesen haben.
Ist ein Bereich ausgewählt und soll auf diesen Bereich zugegriffen werden, so kann *ActiveCell* genutzt werden. Der Befehl *ActiveCell.Formula = Kundennummer* ist dann richtig, wenn vorher richtig ausgewählt wurde. Die letzten Anweisungen stammen aus dem aufgezeichneten Makro.
Etwas schneller ist der Zugriff mit *Cells*. Möglich wäre also auch folgender Befehl: *Cells(4,8).Value = Kundennummer*.

Wertung

Es mußten zwei Eingabeboxen für die Suchkriterien programmiert werden. Das ist umständlich und außerdem ist zuviel Unruhe auf dem Bildschirm. Für den Benutzer besteht keine Möglichkeit, die erste Eingabe zu verändern, wenn sich diese Notwendigkeit aus der zweiten Eingabe ergibt. Es wird eine Eingabeform benötigt, in die mehrere Parameter gleichzeitig eingegeben werden können.

Verwendung von Dialogboxen

Die Eingabe der Suchkriterien in die Materialliste und in die Kundenliste soll mit Hilfe einer Dialogbox realisiert werden. Der Aufruf von zwei InputBoxen für die jeweiligen *Suchkriterien (KNR* und *Name* sowie *MNR* und *Materialbezeichnung*) wird überflüssig, da Dialogboxen die übersichtliche Eingabe von mehreren Parametern gestatten.

Die Funktionsweise der Dialogboxen wird an dem Beispiel *Berechnung eines Quadrats* erläutert. Dieses Beispiel ist aus dem vorigen Abschnitt bekannt.

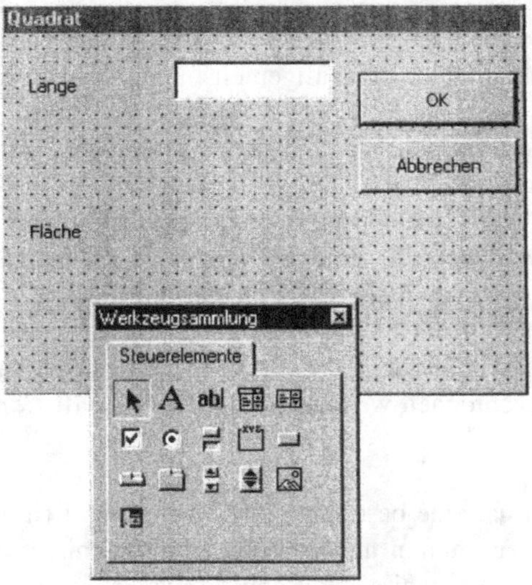

Die Dialogbox wird im VISUAL BASIC-Editor im Menü EINFÜGEN | USERFORM erzeugt. Sie hat Eigenschaften und Methoden wie jedes andere VBA-Objekt. Eine Methode ist die *Show*-Methode, die eine Dialogbox anzeigt. Mit der Methode *Hide* kann beispielsweise ein Dialog ausgeblendet werden. Der Befehl *FrmQuadrat.Hide* schließt dann die Dialogbox *FrmQuadrat*.

Eine Dialogbox muß entworfen werden, bevor man sie verwenden kann. Ihre Gestaltung beinhaltet in erster Linie das Einfügen von Steuerelementen. Steuerelemente sind vorgefertigte VBA-Objekte, mit denen der Programmablauf gesteuert wird (Benutzereingaben, Auswahl einer Option, Abbrechen eines Vorgangs usw.). Dazu muß die Symbolleiste WERKZEUGSAMMLUNG aus dem Menü ANSICHT eingeblendet werden. Das gewünschte Steuerelement wird mit der linken Maustaste in das Fenster gezogen. Jedes Steuerelement hat eine Reihe von Eigenschaften, deren Festlegung im Eigenschaftenfenster erfolgt. Durch das Anklicken eines Steuerelements mit der rechten Maustaste kann das Eigenschaftenfenster schnell angezeigt werden. Die Aktivierungsreihenfolge der einzelnen Steuerelemente in der Dialogbox wird mit der Eigenschaft *TabIndex* festgelegt. Für das erste Steuerelement muß der Wert 0 eingestellt werden. Die Nummerierung wird entsprechend der Reihenfolge fortgesetzt. Die *TabIndex*-Eigenschaft kann auch dialoggestützt eingestellt werden. Dazu muß im Menü ANSICHT der Befehl AKTIVIERUNGSREIHENFOLGE gestartet werden.

Im obigen Bild sind drei Bezeichnungsfelder, ein Bearbeitungsfeld und zwei Buttons (OK und ABBRECHEN) eingefügt. Ein Bezeichnungsfeld wird zur Ausgabe des Ergebnisses der Flächenberechnung genutzt und ist deshalb nicht sichtbar.

Das Bezeichnungsfeld dient im allgemeinen nur zum Beschriften anderer Steuerelemente.
Das Bearbeitungsfeld ermöglicht die Benutzereingabe von Texten, Zahlen, Formeln oder Zellbezügen.
Die Buttons sind die wichtigsten Steuerelemente, denn sie beenden die Bearbeitung des Dialogfeldes. Zwei Buttons sind in fast allen Dialogfeldern vorhanden: das OK- und das ABBRECHEN-Button.
Diese Buttons können mit der Maus oder mit den Tasten angesprochen werden. Wird die Eigenschaft *Default* = *True* gesetzt, so kann das Button mit der <Return>-Taste angesprochen werden. Ist die Eigenschaft *Cancel* = *True* so gilt die <Esc>-Taste.

Jedes Steuerelement hat eine bestimmte Aufgabe zu erfüllen und verfügt deshalb über spezifische Eigenschaften und vordefinierte Ereignisse. Mit Hilfe der *Text*-Eigenschaft kann beispielsweise die Benutzereingabe in ein Textfeld abgefragt werden.

```
Eingabe = Frm1.Txt1.Text
```

Eigenschaften können zur Laufzeit oder zur Entwurfszeit festgelegt werden. Soll eine Wertzuweisung zur Entwurfszeit erfolgen, muß das Eigenschaftenfenster im VISUAL BASIC-Editor eingeblendet werden. Dazu genügt ein Klick auf das

gewünschte Steuerelement in der Dialogbox und dann der Befehl ANSICHT | EIGENSCHAFTENFENSTER.
Den Steuerelementen werden durch EXCEL Namen zugewiesen. Da Steuerelemente im Programm angesprochen werden, müssen sinnvolle Namen festgelegt werden. Es ist zweckmäßig, bestimmte Namenskonventionen einzuführen. Textfelder sollten mit *Txt...* beginnen und Bezeichnungsfelder mit *Lbl...*, Buttons können mit *Cmd...* beginnen; weitere Konventionen für andere Steuerelemente weiter unten im Text.
Viele Steuerelemente in Dialogboxen haben die *Visible*-Eigenschaft. Dieser Eigenschaft kann der Wert *True* oder *False* zugewiesen werden. Ein Steuerelement kann also zur Laufzeit angezeigt oder die Anzeige unterdrückt werden.

Für alle Steuerelemente gibt es definierte Ereignisse. Für Buttons ist eines der wichtigsten Ereignisse das *Click*-Ereignis. Für dieses Ereignis kann eine Prozedur hinterlegt werden, die beim Anklicken (*Click*) des Buttons automatisch gestartet wird.
Die Prozeduren der Steuerelemente einer Dialogbox werden in das Modul der Dialogbox geschrieben. Man gelangt in dieses Modul durch Doppelklick auf ein Steuerelement oder man nutzt im Menü ANSICHT den Befehl CODE.
Die Ereignisprozeduren haben einen definierten Namen. Er setzt sich aus dem Namen des Steuerelements und dem Namen des Ereignisses zusammen.

Übung

Das Beispiel zur Berechnung des Quadrats soll mit einer solchen Dialogbox gestaltet werden.
Die *Länge* und die *Fläche* wird innerhalb einer Dialogbox ein- bzw. ausgegeben (vergleiche obige Abbildung).
Dazu wird mit dem Befehl EINFÜGEN | USERFORM eine Dialogbox eingefügt. Durch Verändern der *Caption*-Eigenschaft wird der Titel der Dialogbox gesetzt (*Quadrat*). Das Dialogblatt wird in *FrmQuadrat* umbenannt (*Name*-Eigenschaft).
Mit Hilfe der Toolbox werden zwei Bezeichnungsfelder und rechts davon ein Bearbeitungsfeld und ein Bezeichnungsfeld in die Dialogbox eingefügt. Durch Klick in die Bezeichnungsfelder können diese mit *Länge* und *Fläche* beschriftet werden. Die Dialogbox ist damit fertig.
Die Dialogbox muß aufgerufen werden. Dazu wird eine Schaltfläche in die *Tabelle1* eingefügt. Die Schaltfläche wird mit QUADRAT BERECHNEN beschriftet.
Mit der VISUAL BASIC-Prozedur *Sub Quadrat()* wird die Dialogbox mit *Show* angezeigt.

```
Sub Quadrat()
  FrmQuadrat.LblFläche.Visible = False
  FrmQuadrat.LblFlächeErgebnis.Visible = False
  FrmQuadrat.Show
End Sub
```

Die eigentliche Berechnung der Fläche wird in der ereignisorientierten Prozedur des OK-Buttons realisiert.

```
Dim Länge As Long
Dim Fläche As Long

Private Sub CmdAbbrechen_Click()
  FrmQuadrat.Hide
End Sub

Private Sub CmdOK_Click()
  Länge = FrmQuadrat.TxtLänge.Text
  Fläche = Länge ^ 2
  FrmQuadrat.LblFläche.Visible = True
  FrmQuadrat.LblFlächeErgebnis.Visible = True
  FrmQuadrat.LblFlächeErgebnis.Caption = Fläche
End Sub
```

Aufgaben

- Ersetzen Sie die Eingabeboxen (*InputBox*) für die Suchkriterien *Material* und *Kunden* durch Dialogboxen!

Hinweise

Am Beispiel des Suchkriteriums *Material* sind die notwendigen Prozeduren aufgelistet. Die Prozedur *Sub MaterialDatensätze_Suchen()* ist der Schaltfläche SUCHEN in der Tabelle *Material* zugeordnet und steht im Modul *Datenlisten*. *Private Sub CmdOKSuchkrMat_Click()* ist die ereignisorientierte Prozedur des OK-Buttons und *Private Sub CmdAbbrechenSuchkrMat_Click()* gehört zum Button ABBRECHEN.

```
Sub MaterialDatensätze_Suchen()
  FrmSuchkrM.TxtMatnr.Text = ""
  FrmSuchkrM.TxtMatname.Text = ""
  'Einblenden des Dialogfeldes
  FrmSuchkrM.Show
End Sub

Private Sub CmdOKSuchkrMat_Click()
```

```
   Dim Materialnummer As String
   Dim Materialbezeichnung As String
   Materialnummer = FrmSuchkrM.TxtMatnr.Text
   Materialbezeichnung = FrmSuchkrM.TxtMatname.Text
   'Übernahme der Werte in den Kriterienbereich des_
    Materialblattes
   Cells(2, 8).Value = Materialnummer
   Cells(2, 9).Value = Materialbezeichnung
   'Suchen und in den Zielbereich kopieren
   Range("A1:F9").AdvancedFilter Action:=xlFilterCopy,_
    CriteriaRange:=Range("H1:I2"),_
    CopyToRange:=Range("H7:J7"), Unique:=False
End Sub

Private Sub CmdAbbrechenSuchkrMat_Click()
   FrmSuchkrM.TxtMatnr.Text = ""
   FrmSuchkrM.TxtMatname.Text = ""
   'Ausblenden des Dialogfeldes
   FrmSuchkrM.Hide
End Sub
```

Wertung

Dialogboxen bieten universelle Möglichkeiten, den Programmablauf zu steuern und Benutzereingaben zu realisieren. Es gibt noch mehr Steuerelemente, auf die weiter unten im Text eingegangen wird. Steuerelemente können nicht nur in Dialogboxen eingesetzt werden, sondern auch in Tabellen.

Optionsfelder in Tabellen

Optionsfelder sind Steuerelemente und sie bieten eine Reihe von Wahlmöglichkeiten an. So kann die Vergabe eines Rabatts davon abhängig gemacht werden, ob das Angebot einem Privat- bzw. Geschäftskunden offeriert wird.

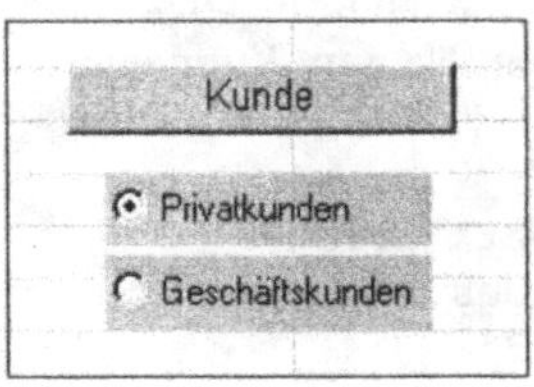

Optionsfelder sind Teil einer Gruppe. Wird eine Option innerhalb der Gruppe gewählt - *Click*-Ereignis (Option ist markiert), wird die Auswahl aller anderen Optionsfelder dieser Gruppe aufgehoben. Gleichzeitig wird die *Value*-Eigenschaft des Optionsschaltflächenobjekts auf *True* gesetzt. Die Namen für Optionsfelder beginnen mit *Opt...* .

Um die Steuerelemente in das Tabellenblatt zu zeichnen, muß die STEUERELEMENT-TOOLBOX angezeigt werden. Mit der Maus werden die Optionsfelder in das Tabellenblatt gezogen. Durch Doppelklick auf das Optionsfeld können die Prozeduren geschrieben werden.

Aufgaben

- Schreiben Sie die Prozeduren *OptGeschäftsk_Click()* und *OptPrivatk_Click()!*

Hinweise

Die Vergabe unterschiedlicher Rabattgruppen macht eine Erweiterung der Verweistabelle erforderlich.

Betrag	Privatkunden	Geschäftskunden
0	0,00%	0,00%
500	2,50%	2,75%
1000	5,00%	5,25%
5000	10,00%	10,25%
15000	15,00%	15,25%
20000	17,00%	17,25%
25000	18,00%	18,25%
50000	20,00%	20,25%

Der Mengenrabatt wird mit Hilfe der Verweisfunktion bestimmt. Diese greift auf die Verweistabelle zurück. Die richtige Spalte wird über den Spaltenindex eingestellt. In der Verweisfunktion wird der Spaltenindex durch den Namen *Kundengr* repräsentiert. In Abhängigkeit von der gewählten Option muß sich der Wert für den Spaltenindex ändern. Dazu benötigt man einen Befehl, der eine Wertzuweisung an den Namen *Kundengr* erlaubt. Dieser Befehl kann aufgezeichnet werden.

```
Private Sub Optprivatk_Click()
  ActiveWorkbook.Names.Add Name:="Kundengr",_
   RefersToR1C1:="=2"
End Sub
```

Der Befehl *ActiveWorkbook.Names.Add Name:="Kundengr", RefersToR1C1:= "=2"* wurde aufgezeichnet. Einige Erläuterungen können nicht schaden, da sie das Verständnis für die Programmiersprache verbessern. Die Methode *Add* erstellt ein neues Element, in diesem Fall wird der alte Eintrag für den Namen *Kundengr* durch einen neuen Eintrag ersetzt. Ein Parameter ist die *Bezeichnung* und der andere Parameter ist der zugeordnete *Wert*. *Names* verweist auf alle festgelegten Namen der aktiven Arbeitsmappe.

Die bisherigen Beispiele enthalten keine Strukturen mit denen der Programmablauf innerhalb eines Makros gesteuert werden kann. Solche Kontrollstrukturen finden sich praktisch in jeder Programmiersprache: *Schleifen* und *Verzweigungen*.

Mit diesen und anderen grundsätzlichen Programmierkonzepten beschäftigen sich die kommenden Abschnitte. Die Erläuterung erfolgt anhand von kleinen Beispielen.

Schleifen

Für die Übernahme von Materialdatensätzen in das Kalkulationsblatt wird das aufgezeichnete Makro *Materialdatensätze_Übertragen()* genutzt. Dieses Makro funktioniert recht gut, solange ein Kunde nur eine Materialposition wählt. Sofern eine zweite Auswahl in der Materialdatei vorgenommen wird, wird der Datensatz aus der ersten Auswahl im Kalkulationsblatt überschrieben. Durch eine einfache Abfrage innerhalb einer Schleifenanweisung kann dieses Makro komplettiert werden, so daß mehrmals Daten übertragen werden können, ohne alte Eintragungen zu überschreiben.

Schleifen dienen dazu, einen Programmabschnitt mehrmals zu durchlaufen. Es gibt die unterschiedlichsten Konstrukte. Möchte man keine Endlosschleife konstruieren, muß eine Abbruchbedingung formuliert werden. Diese Bedingung kann am Anfang oder am Ende stehen.

Bei den *While...Wend*-Schleifen steht diese Bedingung am Anfang.

Übung

Eine einfache Aufsummierung von *Integer*-Zahlen soll die Arbeitsweise verdeutlichen.

```
Sub While_Schleife()
  Dim i As Integer
  i = 1
  While i <= 10
    i = i + 1
    Debug.Print i
  Wend
```

```
End Sub
```

Solange *i* kleiner oder gleich 10 ist (Eingangsbedingung), wird der eingeschlossene Programmabschnitt durchlaufen. Die Variable *i* wird jeweils um 1 erhöht und dann im Testfenster ausgegeben.

Diese Schleife kann für das angesprochene Beispiel eingesetzt werden. Es ist in der Tabelle zu testen, wann eine Zelle frei ist und erst dann wird der Datensatz aus der Materialdatei eingefügt.
Neben der *While...Wend*-Schleife sind weitere Schleifenkonstrukte unter VISUAL BASIC machbar. Das Ergebnis von *Sub While_Schleife()* ist 10. Die Abbruchbedingung steht am Anfang. Es besteht die Möglichkeit, mit der Schleife *Do...Loop Until* die Abbruchbedingung auch am Ende zu formulieren.

Übung

```
Sub Until_Schleife()
  Dim i As Integer
  i = 1
  Do
     i = i + 1
     Debug.Print i
  Loop Until i > 10
End Sub
```

Das Ergebnis für i ist 11, da die Summierung erst läuft und dann die Abbruchbedingung wirksam wird.

Eine sehr einfache Schleifenform ist die Zählschleife *For...Next.*

Übung

```
Sub Next_Schleife()
  Dim i As Integer
  Dim j As Integer
  j = 1
  For i = 1 to 20 Step 2
    j = j + 1
  Next i
  Debug.Print j
End Sub
```

Das Ergebnis für j beträgt 11. Das Inkrement wird mit *Step* festgelegt. Der Defaultwert beträgt 1. Diese Schleife kann mit *Exit For* vorzeitig verlassen werden.

Aufgaben

- Fügen Sie die Schleifenstruktur in das aufgezeichnete Makro *DatensätzeMaterial_Übertragen()* ein, um eine Kalkulation mit mehreren Materialpositionen zu ermöglichen!
- Vervollständigen Sie das aufgezeichnete *Druckliste_Erzeugen()*-Makro so, daß kein Angebot ohne Angebotsnummer gedruckt wird und der Block *Nettobetrag*, *MwSt usw.* eine Zeile unter den letzten Datensatz geschrieben wird!

Hinweise

Der notwendige Programmausschnitt hat dann folgendes Aussehen (er muß an die richtige Stelle der *Materialdatensätze_Übertragen()*-Prozedur gesetzt werden):

```
Zellentext = Selection
While Zellentext <> ""
  Selection.Offset(1, 0).Range("A1").Select
  Zellentext = Selection
Wend
```

Es ist zweckmäßig, die oberste Zelle der Spalte *Materialnummer* zu nehmen und diese auszuwählen. Diese Auswahl (*Selection*) wird in einer Variablen mit dem Namen *Zellentext* gespeichert (*Dim Zellentext as Variant*). Ist diese Variable nicht leer (<> ""), dann wird die Auswahl einer Zelle mit *Range("A1")* um eine Zeile und null Spalten verschoben (*Selection.Offset(1, 0)*). Die neue Auswahl wird in Zellentext gespeichert und ist der neue Ausgangswert für den Vergleich.

Einige größere Eingriffe machen sich im Makro *Druckliste_Erzeugen()* erforderlich. Auch hier können wir zur Lösung einiger Probleme die oben beschriebene Schleifenanweisung verwenden. Wir wollen mit der folgenden Anweisung verhindern, daß ein Angebot ohne Angebotsnummer gedruckt wird.

```
Angebotsnummer = Sheets("Kalkulation").Cells(3, 5).Value
While Angebotsnummer = ""
  Angebotsnummer = Application.InputBox(Prompt:="Bitte_
   geben Sie die Angebotsnummer ein :!", Type:=2)
  If Angebotsnummer = False Then Exit Sub
Wend
Cells(3, 5).Value = Angebotsnummer
```

Die Zelle *"E3"*, die mit dem Befehl *Cells(3, 5).Value* angesprochen wird, ist die Eingabezelle für die Angebotsnummer. Mit Hilfe einer *While*-Schleife wird getestet, ob die Angebotsnummer leer ist. Diese Schleife kann erst dann verlassen werden, wenn eine Eingabe getätigt wurde, oder die ABBRECHEN-Taste gedrückt wurde (bei Klick auf den Button gibt die *InputBox* den Wert *False* zurück). Der Befehl *If Angebotsnummer = False Then Exit Sub* wird ein paar Seiten weiter im Abschnitt *Verzweigungen* besprochen. Die Angebotsnummer muß hier vom Typ *Variant* sein. Es wird nicht die *InputBox*-Funktion verwendet, sondern die *InputBox*-Methode.

Die kumulierten Werte (*Nettobetrag* usw.) sollen zwei Zeilen unter die letzte Materialposition gesetzt werden. Damit kann die Druckliste ganz variabel gestaltet werden. Es müssen jetzt nicht mehr die 21 Zeilen freigelassen werden. Löschen Sie den Block *Nettobetrag usw.* aus der Druckliste und fügen Sie die folgenden Programmzeilen ein. Bitte beachten Sie, daß die Bezüge angepaßt werden müssen!

```
Zeil = 19
Zellentext = Cells(Zeil, 1).Value
While Not IsEmpty(Zellentext)
  Cells(Zeil, 2).WrapText = True
  Cells(Zeil, 3).NumberFormat = "#,##0.00_);(#,##0.00)"
  Cells(Zeil, 5).NumberFormat = "#,##0.00_);(#,##0.00)"
  Zeil = Zeil + 1
  Zellentext = Cells(Zeil, 1).Value
Wend
Cells(Zeil + 2, 4).Value = "Nettobetrag"
Cells(Zeil + 2, 5).Value = Tabelle1.Cells(8, 3)
Cells(Zeil + 2, 5).NumberFormat = "$#,##0.00_);($#,##0.00)"
Cells(Zeil + 2, 5).HorizontalAlignment = xlLeft
Cells(Zeil + 3, 4).Value = "Rabatt"
Cells(Zeil + 3, 5).Value =_
 ActiveWorkbook.Names("Rabatt").Value
Cells(Zeil + 3, 5).NumberFormat = "0.00%"
Cells(Zeil + 3, 5).HorizontalAlignment = xlLeft
Cells(Zeil + 4, 4).Value = "Angebotspreis"
Cells(Zeil + 4, 5).Value =_
 ActiveWorkbook.Names("Angebotspreis").Value
Cells(Zeil + 4, 5).NumberFormat = "$#,##0.00_);($#,##0.00)"
Cells(Zeil + 4, 5).HorizontalAlignment = xlLeft
Cells(Zeil + 5, 4).Value = "Mehrwertsteuer"
Cells(Zeil + 5, 5).Value = 0.16
Cells(Zeil + 5, 5).NumberFormat = "0.00%"
Cells(Zeil + 5, 5).HorizontalAlignment = xlLeft
Cells(Zeil + 6, 4).Value = "Bruttobetrag"
Cells(Zeil + 6, 5).Value = Cells(Zeil + 4, 5).Value *_
 (1 + Cells(Zeil + 5, 5).Value)
Cells(Zeil + 6, 5).NumberFormat = "$#,##0.00_);($#,##0.00)"
Cells(Zeil + 6, 5).HorizontalAlignment = xlLeft
```

Die Zelle *"A19"* ist die erste Zelle in der Druckliste, in die Materialpositionen aus dem Kalkulationsblatt eingetragen wurden. Mit einer Schleifenkonstruktion wird getestet, wieviel Datensätze übertragen wurden.
Die Variable *Zeil* ist vom Typ *Integer* und speichert die aktuelle Zeilenposition. Die Funktion *IsEmpty* gibt dann den Wert *True* zurück, wenn der Zellentext leer ist.

Der Ausdruck der Druckliste bildet den Abschluß einer Angebotskalkulation. Ein neuer Kunde kann bearbeitet werden. Dazu müssen sowohl die vorhandenen Eintragungen im Kalkulationsblatt als auch die Eintragungen aus der Druckliste entfernt werden. In der Analyse wurde diese Verantwortlichkeit dem Kalkulationsblatt zugeordnet. Das Makro dafür ist *Kalkulation_Zurücksetzen()*.

Arbeit mit Bezügen

Das Tabellenblatt und das Kalkulationsblatt enthalten die Daten einer Kundenbearbeitung. Soll ein neuer Kunde bedient werden, muß exakt der Bereich bestimmt werden, der in den Arbeitsblättern für die neue Kalkulation zu löschen ist. Die notwendigen Bezüge müssen schon im Makro *Kalkulation_Drucken()* (nachdem der Block vollständig geschrieben wurde) unter einer Variablen abgespeichert werden.
Diese Position ist unbekannt und muß zur Laufzeit bestimmt werden. Die Methode, die eine aktuelle Adresse (Bezug) liefert, ist *Address()*.

```
Löschmarkierung = Cells(Zeil + 6, 5).Address() & ":A23"
```

Die Methode *Address()* gibt den Bezug der aktiven Zelle als Zeichenkette zurück. Der eigentliche Zellbereich wird mit einer Verkettung der Bezüge hergestellt. Dazu muß, da es sich um Zeichenketten handelt, das *&*-Zeichen genutzt werden. Nun kann im Makro mit der Anweisung *Range(Löschmarkierung).Select* der Bereich zum Löschen ausgewählt werden.

Aufgaben

- Komplettieren Sie das *Kalkulation_Zurücksetzen()*-Makro und vereinbaren Sie die notwendigen Variablen!

String-Operationen

Ereignisorientierte Prozeduren lassen sich sinnvoll in einem VISUAL BASIC-Programm nutzen. Ein weiteres Beispiel wird jetzt beschrieben. Es geht um die Überprüfung von Benutzereingaben. Die simpelste Eingabeprüfung ist eine

Überprüfung des Eingabeformats. Zur Formatprüfung lassen sich die *String*-Funktionen gut einsetzen. Anhand eines kleinen Beispiels werden einige wichtige Operationen mit Zeichenketten erläutert. Dazu wird angenommen, daß der aktuelle Wert der Variablen *Kundennummer "GH001"* sei. Die untenstehenden Funktionen haben dann folgende Ergebnisse:

- `Left(Kundennummer,1)          'ergibt G`
- `Right(Kundennummer,1)         'ergibt 1`
- `Mid(Kundennummer,2,1)         'ergibt H`

Die Funktion *Mid* kann auch zum Verändern einer Zeichenkette genutzt werden.

```
Mid(Kundennummer,3,1) = "5"      'ergibt GH501
```

Will man Zeichenketten vergleichen, sollte man zunächst alle Zeichen einer Kette in Klein- bzw. Großbuchstaben umwandeln und Leerzeichen am Anfang und/oder am Ende eliminieren. *Ucase* wandelt alle Buchstaben einer Zeichenkette in Großbuchstaben um, *Lcase* in Kleinbuchstaben. Mit *Trim* kann man die Leerzeichen eliminieren, z.B. *Trim(Kundennummer)*. Für den binären Vergleich können Vergleichsoperatoren verwendet werden. Die Funktion *Len* gibt die Länge einer Zeichenkette zurück (einschließlich Leerzeichen).

```
Len(Kundennummer)                'ergibt 5
```

Für den Mustervergleich steht die Funktion *Like* zur Verfügung. Die bekannten Platzhalter " ? " und " * " können in dieser Funktion eingesetzt werden.

```
Kundennummer Like "K??"          'liefert False
```

Eine Berücksichtigung landessprachlicher Besonderheiten (ä,ö usw.) erreicht man mit dem Befehl *Option Compare Text*, der im Modulkopf stehen muß.

Übung

Die folgende kleine Prozedur wendet alle eben genannten Funktionen an:

```
Sub String_Funktionen()
  Dim Kundennummer As String                'Variablen
  Dim Lknr As String                        'vereinbaren
  Dim Rknr As String
  Dim Mknr As String
  Dim Längeknr As Integer
  Dim Vknr As Boolean
  Kundennummer = "GH001"                    'Wert zuweisen
  Lknr = Left(Kundennummer,1)
```

```
   Debug.Print Lknr                        'Ergebnis: G
   Rknr = Right(Kundennummer,1)
   Debug.Print Rknr                        'Ergebnis: 1
   Mknr = Mid(Kundennummer,2,1)
   Debug.Print Mknr                        'Ergebnis: H
   Mid(Kundennummer,3,1) = "5"
   Debug.Print Kundennummer                'Ergebnis: GH501
   Kundennummer = " GH001 "
   Längeknr = Len(Kundennummer)
   Debug.Print Längeknr, Kundennummer      'Ergebnis: 7  GH001
   Kundennummer = Trim(Kundennummer)
   Kundennummer = UCase(Kundennummer)
   Längeknr = Len(Kundennummer)
   Debug.Print Längeknr, Kundennummer      'Ergebnis: 5 GH001
   Vknr = Kundennummer Like "G*"
   Debug.Print Vknr                        'Ergebnis: True
End Sub
```

Verzweigungen

Die Problemstellung der Eingabeformatprüfung macht je nach Eintreffen einer ganz bestimmten Bedingung die wahlweise Abarbeitung von bestimmten Programmteilen notwendig (hat der Benutzer ein falsches Format verwendet, muß ein Hinweis gegeben werden). Mit Verzweigungen ist dieses Problem zu lösen. Eine Verzweigung wird mit dem Schlüsselwort *If* eingeleitet. Es folgt ein Vergleich. Dieser Vergleich ist *True* oder *False* und in Abhängigkeit von diesem Ergebnis können unterschiedliche Programmzweige abgearbeitet werden. Die Auswahl erfolgt mit den Schlüsselwörtern *Then, Else* und *ElseIf* (für eine weitere Schachtelung).

Übung

```
Sub Verzweigung()
  Dim Antwort As String
  Antwort = InputBox("Wie fühlen Sie sich? Mögliche_
   Antworten:(s)chlecht, (g)ut, s(e)hr gut", "Befragung")
  Antwort = Trim(Antwort)
  Antwort = UCase(Antwort)
  If Antwort = "S" Then
    MsgBox "Sie sollten etwas für ihre Gesundheit tun -_
     oder zum Arzt gehen!"
    ElseIf Antwort = "G" Then
      MsgBox "Ein bißchen Sport kann trotzdem nicht_
       schaden!"
      Else
        MsgBox "Sagen Sie es nicht Ihrem Partner - der_
         Garten wartet!"
```

```
    End If
End Sub
```

Eine Verzweigung ist auch mit *Select Case* möglich. Sie wird dann angewendet, wenn sehr viele verschiedene Auswahlmöglichkeiten vorhanden sind.

```
Select Case Kundennummer
  Case "KD001"
    MsgBox "Kundennummer 1"
  Case "KD002"
    MsgBox "Kundennummer 2"
End Select
```

In den *Case*-Zweigen werden Bedingungen formuliert. Ist die Kundennummer beispielsweise "*KD001*", dann wird die entsprechende Mitteilungsbox gezeigt.

Übung

```
Sub Test_auf_Zahl()
  Dim Kundennummer As String
  Kundennummer = InputBox("Bitte die Kundennummer_
   eingeben!" ,"Suchkriterien")
  If IsNumeric(Mid(Kundennummer,3,3)) Then
    MsgBox "Richtige Eingabe"
    Else
      MsgBox "Falsche Eingabe"
  End If
End Sub
```

Neu ist die Funktion *IsNumeric*. Sie gibt dann den Wert *True* zurück, wenn die geprüfte Zeichenkette nur numerische Zeichen enthält. Eine Verschachtelung von Funktionen ist kein Problem.

Aufgaben

- Für die OK-Schaltflächen in den Dialogboxen zur Eingabe der Suchkriterien in die Materialliste und in die Kundenliste müssen Ereignisprozeduren geschrieben werden. Hier soll geprüft werden, ob ein Eintrag vorgenommen wurde. Wurde kein Eintrag vorgenommen, erscheint eine Warnung, daß jetzt alle Datensätze der Datenbank angezeigt werden. Bei Eintragung wird folgende Formatprüfung für die *Kundennummer* und die *Materialnummer* vorgenommen:

    - Die Länge von *Kundennummer* darf nicht mehr als 5 Zeichen aufweisen.
    - Die Länge von *Materialnummer* darf nicht mehr als 6 Zeichen aufweisen.

Stimmt das Format nicht, wird ein Hinweis ausgegeben und die Dialogbox erneut angezeigt.

Hinweise

Das Ergebnis dieser und der vorhergehenden Aufgaben finden Sie in der Mappe *Angebotskalkulation_03*.
Die Prüfung der Länge einer Zeichenkette ist trivial, aber für Ihr eigenes Beispiel können Sie eine andere Prüfung, unter Nutzung der oben besprochenen *String*-Operationen, vereinbaren. Die Länge einer Zeichenkette, die in ein Bearbeitungsfeld eingegeben wird, kann auch mit der Eigenschaft *MaxLength* des Bearbeitungsfeldes begrenzt werden.

```
Private Sub CmdOKSuchkrMat_Click()
  Dim Materialnummer As String
  Dim Materialbezeichnung As String
  Materialnummer = FrmSuchkrM.TxtMatnr.Text
  Materialbezeichnung = FrmSuchkrM.TxtMatname.Text
  Materialnummer = Trim(Materialnummer)
  Materialnummer = UCase(Materialnummer)
  If Materialnummer = "" And Materialbezeichnung = "" Then
    MsgBox ("Kein Suchkriterium vereinbart - es_
     erscheinen alle Datensätze !")
  End If
  If Len(Materialnummer) <= 6 Then
   'Übernahme der Werte in den Kriterienbereich des_
   Materialblattes
    Cells(2, 8).Value = Materialnummer
    Cells(2, 9).Value = Materialbezeichnung
    'Suchen und in den Zielbereich kopieren
    Range("A1:F9").AdvancedFilter Action:=xlFilterCopy,_
     CriteriaRange:=Range("H1:I2"),_
     CopyToRange:=Range("H7:J7"), Unique:=False
    Else
      MsgBox "Die Materialnummer ist nicht gültig !"
  End If
End Sub
```

Die von uns in den letzten Abschnitten hinzugefügten Prozeduren erfordern eine Überarbeitung des Designs. Spätestens nachdem Sie die ereignisorientierten Prozeduren *CmdAbbrechenSuchkrMat_Click()* und *CmdAbbrechenSuchkrK_Click()* geschrieben haben (und später dann für die Optionsfelder usw.), stimmt das Programm nicht mehr mit dem Design überein. Das kann passieren - man lernt eine Menge dazu und fängt an, das Programm zu verändern. Wichtig für Ihre Arbeit ist das Wissen, daß so etwas auftreten kann und auch während der Programmier-Phase das Design ständig überprüft werden muß. Die notwendigen Korrekturen werden in der nächsten Runde vorgenommen.

Sie haben sicherlich ein bißchen mit der Arbeitsmappe *Angebotskalkulation_03* gearbeitet. Wir wollen diese Version werten.

Wertung

Die Verfahrensweise der Übertragung von Datensätzen aus den Datenlisten ist umständlich (*Wechseln, Suchen, Übertragen*).

Folgende Vereinfachungen werden vorgeschlagen:

1. Kein Wechsel in die Datenlisten; das Dialogfeld zur Eingabe der Suchkriterien wird gleich im Kalkulationsblatt gestartet.

2. Das Ergebnis der ersten Suche sind je nach verwendeten Suchkriterium ein oder mehrere Datensätze, die in den Zielbereichen der Datenlisten erscheinen. Ein Wechsel in die Datenlisten ist nicht vorgesehen, deshalb wird ein relevantes Feld (*Materialbezeichnung, Kundenname*) in einem Listenfeld des Kalkulationsblattes, das mit dem Zielbereich verbunden ist, angezeigt, falls mehrere Datensätze im Zielbereich erscheinen.

3. Wird ein Element in diesem Listenfeld angeklickt (ereignisorientierte Prozedur), dann soll dieser Datensatz im Zielbereich wiedergefunden werden und vollständig an die entsprechende Stelle des Kalkulationsblattes kopiert werden.

Es ergibt sich eine Unzulänglichkeit innerhalb des Angebotsprogramms, die unbedingt verändert werden muß, da sonst falsche Kalkulationen entstehen. Werden neue Datensätze eingegeben, so ändert sich der Datenlistenbereich in dem *Suchen*-Makro nicht automatisch mit. Bei jedem neuen Datensatz muß auch die Befehlszeile im Makro geändert werden. Das geht natürlich nicht.

Analyse und Design müssen überarbeitet werden!

3 Bedienbarkeit beachten – die zweite Runde

Die Auseinandersetzung mit dem Programm und den VBA-Mitteln hat gezeigt, daß die anfänglich gewählte Zuordnung von Verantwortlichkeiten nicht optimal ist. Dies ist normal - auch in der Programmier-Phase muß man die Dokumente früherer Arbeitsphasen (Phasen des Software-Lebenszyklus) *Analyse* und *Entwurf* (*Design*) überarbeiten. Einige Änderungen wurden schon eingearbeitet. Schwerpunkt der jetzigen Überarbeitung ist die Verbesserung der Bedienbarkeit des Programms.

3.1 Analyse

Das wichtigste Hilfsmittel für die Analyse sind die Tabellenkarten. Die aktualisierten Tabellenkarten haben das folgende Aussehen:

Kalkulationsblatt	
Rabatt, SummeVP, Festpreis, Kundengr, Angebotspreis,Verweistab	
Verantwortlichkeiten	Server
Kundendaten holen	Dialogbox, Listenfeld, Kundenliste
Materialdaten holen	Dialogbox, Listenfeld, Materialliste
Format prüfen	
Betriebswirtschaftliche Kennwerte berechnen	Optionsfeld
Druckliste erstellen	Druckliste
Einträge zurücksetzen	

Kundenliste	
Verantwortlichkeiten	Server
Kundendaten pflegen	
Kundendaten suchen/ übertragen	

Materialliste	
Verantwortlichkeiten Materialdaten pflegen Materialdaten suchen/ übertragen	Server

Druckliste	
Verantwortlichkeiten Bruttopreis bereitstellen	Server

Als neues Steuerelement werden Listenfelder in der Tabelle *Kalkulationsblatt* verwendet. Die Listenfelder enthalten die Materialbezeichnung bzw. den Kundennamen aller Datensätze, die in den Zielbereichen der Datenlisten erscheinen.

3.2 Entwurf

Natürlich zieht eine Änderung der Zuordnung der Verantwortlichkeiten auch eine Änderung des Entwurfs nach sich. Der Entwurf muß jetzt folgendermaßen aussehen:

Modul_Tabelle1(Kalkulationsblatt)

OptPrivatk_Click()	Optionsfeld
OptGeschäftsk_Click()	
LstMaterial_Click()	Listenfeld
LstKunde_Click()	

Modul_DialogMaterial(FrmSuchkrM)

CmdOKSuchkrMat_Click()	Dialogbox
CmdAbbrechenSuchkrMat_Click()	

Modul_DialogKunde(FrmSuchkrK)

CmdOKSuchkrK_Click()	Dialogbox

CmdAbbrechenSuchkrK_Click()

Modul_Kalkulationsblatt Tabelle

Kalkulation_Drucken()
Kalkulation_Zurücksetzen()

Modul_Datenlisten

DatensätzeMaterial_Suchen()
DatensätzeKunde_Suchen()
DatensätzeMaterial_Übertragen()
DatensätzeKunde_Übertragen()

Die *Pflege der Materialdaten* und *der Kundendaten* sind Verantwortlichkeiten der Kundenliste und der Materialliste. Diese Verantwortlichkeiten werden durch keine physische Struktur realisiert. Aus meiner Sicht ist das auch nicht erforderlich. Tabellenblätter und damit die Datenlisten können unter EXCEL nicht wirksam geschützt werden. Eine Eingabe der Datensätze mittels eines Formulars (Dialogbox) kann diese Tatsache nicht aus der Welt schaffen. Es wurde eine gewisse Erhöhung der Sicherheit der Listen dadurch erreicht, daß die Suchkriterien nicht mehr hier eingegeben werden. Wechselt jemand mit dem festen Vorsatz in die Datenlisten, um Eintragungen zu verändern oder neue Eintragungen hinzuzufügen, so kann man davon ausgehen, daß er dies mit Sorgfalt tut. Eine tabellarische Eingabe ist auch nicht von der Hand zu weisen bzw. eine maskengestützte Eingabe mit DATEN | MASKE.

3.3 Implementation

Funktionen

Ein Kritikpunkt der oben durchgeführten Wertung ist, daß neu erfaßte Datensätze nicht für den Suchvorgang berücksichtigt werden. Durch Auszählen der Datensätze im Datenlistenbereich innerhalb einer Funktion kann diese Unzulänglichkeit beseitigt werden.
Funktionen haben im Gegensatz zu Prozeduren einen Rückgabewert. Der Rückgabewert hat einen Typ. Ohne Typvereinbarung wird der Rückgabetyp automatisch als *Variant* angenommen.

```
Function (Par1 As Integer, Par2 As String) As String
```

Die obige Funktion hat Parameter (*Par1, Par2*). Diese Parameter bestimmen letztendlich den Rückgabewert. Die Anzahl der Parameter hängt davon ab, was die

Funktion leisten soll. Auch die Parameter haben einen bestimmten Typ. Der Typ der Parameter wird im Funktionskopf deklariert (gilt auch für Prozeduren).
Soll verhindert werden, daß eine Änderung der Parameter in einer Funktion auch außerhalb der Funktion Auswirkungen hat, so kann das Schlüsselwort *ByVal* eingefügt werden (Wertparameter).

```
Function (ByVal Par1 As Integer, Par2 As String) As String
```

Der Parameter *Par1* ist jetzt innerhalb der Funktion wie eine eigenständige Variable zu betrachten (gilt auch für Prozeduren).

Aufgaben

- Schreiben Sie eine Funktion *BereichBestimmen()*! Verändern Sie die Prozeduren *CmdOKSuchkrMat_Click()* und *CmdOKSuchkrK_Click()* so, daß auch bei der Aufnahme neuer Datensätze der gesamte Listenbereich in die Suche einbezogen wird! Geben Sie eine Mitteilung aus, falls keine Datensätze gefunden wurden!

Hinweise

Diese Funktion soll den Bereich innerhalb einer Tabelle bestimmen, der mit Daten ausgefüllt ist. Bekannt ist die Startzelle (linke obere Ecke des Bereichs), der Tabellenname und die Anzahl der gewünschten Spalten.

```
Function BereichBestimmen(TabName As String, Startzelle As_
 String,Spaltzahl As Integer) As String
  Dim Zellentext
  Dim Aktz As Object
  Dim Zeil As Integer, Spalt As Integer
  Sheets(TabName).Select
  Range(Startzelle).Select
  Set Aktz = ActiveCell
  Zeil = Aktz.Row: Spalt = Aktz.Column
  Zellentext = Cells(Zeil, Spalt).Value
  While Not IsEmpty(Zellentext)
    Zeil = Zeil + 1
    Zellentext = Cells(Zeil, Spalt).Value
  Wend
  BereichBestimmen = Cells(Zeil, Spalt + Spaltzahl - 1)_
   .Address& ":" & Startzelle
End Function
```

Die Funktion hat genau die drei Argumente: der *Tabellenname*, die *linke obere Zelle* der Tabelle (*Startzelle*) und die *Anzahl der Spalten*. Ausgehend von der

Startzelle wird der Bereich solange verschoben, bis die erste leere Zelle kommt. Zur Bestimmung der Adresse wird jetzt die letzte besetzte Zelle am rechten Rand ausgewählt. Mit der Methode *Address()* kann der Bezug bestimmt werden. Der Bereich ergibt sich dann aus der Startzelle und aus diesem Bezug.

Die Funktion wird in dem aufgezeichneten Befehl SPEZIALFILTER des ereignisorientierten Makros *CmdOKSuchkrMat_Click()* eingearbeitet. Das folgende Beispiel bezieht sich auf die Liste *Material.* Sie beginnt in "$A$1" und umfaßt 6 Spalten.

```
Sub CmdOKSuchkrMat_Click()
  ...
  'Suchen und in den Zielbereich kopieren
  Range(BereichBestimmen("Material", "$A$1", 6))._
   AdvancedFilter Action:=xlFilterCopy,_
   CriteriaRange:=Range("H1:I2"),_
   CopyToRange:=Range("H7:J7"), Unique:=False
  ...
End Sub
```

Wie an dem kleinen Ausschnitt zu erkennen ist, wird die Funktion hier in Verbindung mit der *Range*-Methode des aufgezeichneten Befehls SPEZIALFILTER eingesetzt. Die Suche bezieht sich so immer auf den aktuellen Datenbankbereich.
Hier ist zweckmäßigerweise sofort zu prüfen, ob überhaupt ein Datensatz gefunden wurde. Dazu eignet sich eine Verzweigung. Sollte kein Datensatz im Zielbereich sein, so ist eine entsprechende Meldung auszugeben.

Listenfelder

Die erste Forderung - kein Wechsel in die Datenlisten, sondern sofortige Anzeige des Dialogfeldes - läßt sich leicht realisieren. Die Makros *Kundendatenliste_Auswählen()* und *Materialdatenliste_Auswählen()* und die Buttons SUCHEN in den Datenlisten werden gelöscht. Den Buttons KUNDE und MATERIAL werden die Makros *DatensätzeMaterial_Suchen() und DatensätzeKunde_Suchen()* zugewiesen.

Die zweite Forderung ist schon etwas aufwendiger zu realisieren. Das Ergebnis der Suche soll nicht im Zielbereich der Datenlisten angezeigt werden, sondern direkt in einem Listensteuerelement des Kalkulationsblattes. Es gibt unterschiedliche Listenfelder:

- *Listenfeld* (nur Listenanzeige),
- *Dropdown-Feld* (aufklappbare Listenanzeige),

- *Kombinationsfeld Liste-Text* (Listenanzeige und Texteingabe) und
- *Kombinationsfeld Liste-Dropdown* (aufklappbare Listenanzeige und Texteingabe).

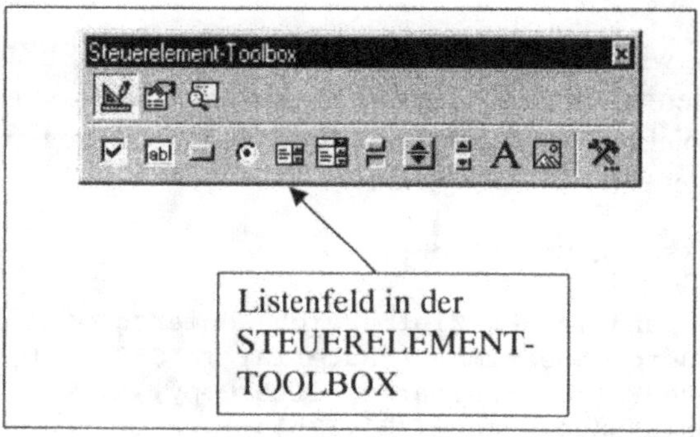

Listenfelder werden mit Hilfe der STEUERELEMENT-TOOLBOX in das Tabellenblatt (Dialogbox) eingefügt, positioniert und in der Größe angepaßt.
Ein Listenfeld (nur Listenanzeige) ist ausreichend. Das angeklickte Listenelement bildet die Grundlage für die Übertragung des vollständigen Datensatzes aus den Datenlisten in das Kalkulationsblatt (Click-Ereignis).
Zwei Eigenschaften des Listenfeldes sind von besonderem Interesse. Die erste Eigenschaft ist *ListFillRange*. Mit dieser Eigenschaft kann der Tabellenbereich festgelegt werden, der mit dem Listenfeld verknüpft werden soll. Mit *Tabelle1.Lst1.ListFillRange = "Tabelle2!$A$1:$A$12"* kann das Listenfeld mit den Zellen *A1:A12* in der *Tabelle2* verknüpft werden.
Die zweite Eigenschaft ist die Eigenschaft *ListCount*. *ListCount* steht für die Anzahl der Listenelemente, die in einem Listenfeld dargestellt werden. *Listenanzahl=Tabelle1.Lst1.ListCount* ist eine Anweisung, mit der zur Laufzeit die Anzahl der in der Liste vorhandenen Elemente ermittelt werden kann. Damit kann in Abhängigkeit von der Anzahl der Listenelemente der Programmablauf gesteuert werden.
Das angeklickte Listenelement kann mit der Eigenschaft *ListIndex* ermittelt werden. Die folgende Anweisung speichert den Index in eine Variable: *Listennummer = Tabelle1.LstMaterial.ListIndex.*

Aufgaben

- Fügen Sie die Listenfelder in Ihr Kalkulationsblatt ein! Schreiben Sie die notwendigen Prozeduren und testen Sie diese!

Hinweise

Die Listenfelder (*LstKunde*, *LstMaterial*) müssen an die richtige Stelle in das Kalkulationsblatt gezeichnet werden. Dazu kann die Symbolleiste STEUERELEMENT-TOOLBOX eingeblendet werden.

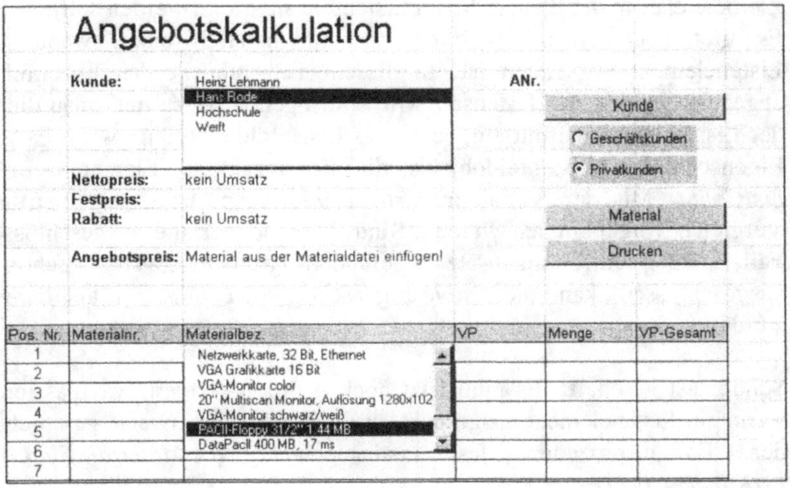

Die obige Abbildung zeigt einen Ausschnitt aus dem Kalkulationsblatt. Die Anordnung der Buttons wurde zweckmäßigerweise verändert. Ein Klick auf das Button KUNDE blendet die Dialogbox *Suchkriterien* ein. Nach Eingabe der Werte wird dann in der Datenliste gesucht und das Ergebnis in der dargestellten Form im Listenfeld angezeigt.
Die Listenfelder müssen in der Ereignisprozedur der OK-Buttons der Dialogboxen *Suchkriterien* sichtbar gemacht werden (aber nur dann, wenn tatsächlich mehr als ein Datensatz gefunden wurde).

```
'Zuordnen des Zielbereiches als Listeneintrag
Sheets("Kalkulation").LstMaterial.ListFillRange =_
 "Material!" & BereichBestimmen("Material", "$i$8", 1)
Listenanzahl = Sheets("Kalkulation").LstMaterial.ListCount
If Listenanzahl = 2 Then
  Sheets("Material").Select
  Range("I8").Select
  DatensätzeMaterial_Übertragen
  Else
    'Einblenden des Listenfeldes
    Sheets("Kalkulation").Select
    Sheets("Kalkulation").LstMaterial.Visible = True
End If
```

Der obige Programmausschnitt stammt aus der Prozedur *CmdOKSuchkrMat_Click()*. Die Listenelemente müssen dem Listenfeld zur Laufzeit zugeordnet werden. Das geschieht durch Setzen der *ListFillRange*-Eigenschaft des Listenfeldes. Da die Anzahl der Elemente von den Kriterien abhängen, werden sie mit unserer Funktion *BereichBestimmen()* ermittelt (richtige Argumente setzen; *$I$8* befindet sich im ersten Datensatz des Zielbereiches in der Spalte, die im Listenfeld angezeigt werden soll).
Es gibt noch einen instabilen Zustand, nämlich dann, wenn nur ein Listenelement vorhanden ist. In diesem Fall braucht das Listenfeld nicht angezeigt werden, der Datensatz wird sofort geholt. Dazu muß man die Anzahl der Listenelemente ermitteln, bevor das Listenfeld angezeigt wird. Es gibt eine Eigenschaft des Listenfeldobjekts, die die Anzahl der Elemente zurückgibt, *ListCount*. Mit der Variablen *Listenanzahl* kann dann der oben gezeigte Vergleich vorgenommen werden. Sind diese Sonderfälle ausgeschlossen (der Fall, daß keine Datensätze gefunden werden, wurde schon oben ausgeschlossen), kann die *Visible*-Eigenschaft von *LstMaterial* auf *True* gesetzt werden.

Schon fast geschafft. Es muß jetzt noch definiert werden, was passieren soll, wenn ein Listenelement ausgesucht wird. Zweckmäßigerweise geschieht das in der Ereignisprozedur des Listenelements (*LstMaterial_Click()* und *LstKunde_Click()*).

Das ausgewählte Listenelement muß mit den Einträgen im Zielbereich verglichen und der komplette Datensatz dann übertragen werden.
Die Nummer des ausgewählten Listenelements wird über die *Value*-Eigenschaft des Listenfeldobjekts ermittelt.

```
Private Sub LstMaterial_Click()
   'Bereich auswählen
   Listennummer = Tabelle1.LstMaterial.ListIndex
   On Error Resume Next
   Sheets("Material").Select
   Range("I8").Select
   Zellentext = 0
   'Listenelement im Zielbereich suchen
   While Listennummer <> Zellentext
     Selection.Offset(1, 0).Range("A1").Select
     Zellentext = Zellentext + 1
   Wend
   DatensätzeMaterial_Übertragen
End Sub
```

Die dargestellte Prozedur verdeutlicht die Verfahrensweise. Die Variable *Listentext* speichert die Listennummer. Diese entspricht der Datensatznummer (der Variablen *Zellentext* zugeordnet) im Zielbereich der Materialliste. Mit der anschließenden Schleifenkonstruktion wird geprüft, wann Listentext gleich Zellentext ist. Gibt es eine Übereinstimmung, kann der Datensatz übertragen werden. Dazu müssen die Befehle in den Makros *DatensätzeMaterial_Übertragen()* und *DatensätzeKunde_Übertragen()* etwas verändert werden. Die Schaltflächen zum Übertragen von Datensätzen werden gelöscht.

Es gab zwei Probleme bei der Arbeit mit den Listenfeldern:

- Die Namen der Listenfelder in der Tabelle (*Listbox1* und *Listbox2*) mußten verändert werden. Das Programm vergab für beide Listen den Namen *Listbox1*. Dadurch traten Fehler auf.
- In *Private Sub LstMaterial_Click()* tritt ein Fehler auf, dessen Ursache nicht auffindbar ist. Mit *On Error Resume Next* wurde die Fehlerausgabe unterdrückt. Das Programm läuft dann problemlos.

Laufzeit verbessern

Bildschirmaktualisierungen brauchen viel Zeit (Grafikausgabe) und sind manchmal nicht nötig und sogar störend, wenn z.B. aus verschiedenen Tabellenblättern Daten gesammelt werden.

Mit der Eigenschaft *Application.ScreenUpdating = False* kann die Bildschirmaktualisierung unterdrückt werden. Ist es notwendig, kann diese Eigenschaft wieder *True* gesetzt werden.

Zeitaufwendig ist auch das ständige Neuberechnen der Tabellen. Mit der Eigenschaft *Application.Calculation = xlManual* kann die Neuberechnung unterdrückt werden. Die aktuellen Werte sollten zu Beginn der Prozedur gespeichert werden, damit am Ende die Ausgangszustände wieder hergestellt werden können.

VBA ist eine Interpretersprache. In der vorliegenden Version kann kompiliert werden. Es wird allerdings kein Maschinencode, sondern nur ein Zwischencode erzeugt, der vom Interpreter gelesen wird. Damit nicht bei jedem Neustart kompiliert werden muß, ist der Befehl TESTEN | KOMPILIEREN auszuführen.

Aufgaben

- Testen Sie Ihr Programm und fügen Sie diesen Befehl an die richtigen Stellen in den dafür in Frage kommenden Makros ein!

Grundeinstellungen vornehmen

Jede Anwendung hat ihre Grundeinstellungen. Solche Einstellungen werden vorgenommen, bevor der Benutzer aktiv wird. In den folgenden Ausführungen werden einige mögliche Einstellungen beschrieben. Auch Grundeinstellungen werden in Prozeduren festgelegt, die in Modulen vereinbart werden.

a) Modul_Grundeinstellungen

Dieses Modul ist, im Gegensatz zu den anderen bisher entworfenen Modulen, an keine Tabelle oder Steuerelement gebunden.
EXCEL bietet die Möglichkeit, bestimmte Grundeinstellungen in Auto-Prozeduren vorzunehmen. Diese Makros werden beim Öffnen oder Schließen der Arbeitsmappe automatisch gestartet. Hier werden also alle Befehle eingeschrieben, die für die gesamte Arbeitsmappe Gültigkeit haben.

```
Sub Auto_Open()
   'Starttab aktivieren
   Sheets("Kalkulation").Select
   'Bildschirmaktualisierung ausschalten
   Application.ScreenUpdating = False
   'Titelzeile verändern
   Application.Caption = "Angebotserstellung"
   'Arbeitsmappenregister ausschalten
   ActiveWindow.DisplayWorkbookTabs = False
   'Symbolleisten ausblenden
   Toolbars(2).Visible = False
   Toolbars(1).Visible = False
   MsgBox "Viel Spaß bei der Arbeit mit dem_
    Kalkulationsprogramm"
   'Bildschirmaktualisierung aktivieren
   Application.ScreenUpdating = True
End Sub
```

Die Kommentarzeilen erklären die einzelnen Befehle hinreichend. Das obige Beispiel stellt nur eine begrenzte Auswahl der Möglichkeiten dar.

EXCEL gestattet eine weitere Untersetzung von solchen Grundeinstellungen. Es können bei der Aktivierung oder Deaktivierung von Tabellenblättern (es gibt noch andere Ereignisse, die unterstützt werden) automatisch Makros gestartet werden. Die Zuordnung der Makros zu den Ereignissen wird zweckmäßigerweise in der *Auto_Open()*-Prozedur vorgenommen.

```
'Bei der Aktivierung des Kalkulationsblattes wird das Makro_
 KalkulationAktivierung gestartet
Sheets("Kalkulation").OnSheetActivate = ActiveWorkbook.Name &_
 "!Modul_Grundeinstellungen.Kalkulation_Aktivierung"
'Bei der Deaktivierung des Kalkulationsblattes wird das Makro_
 KalkulationDeaktivierung gestartet
Sheets("Kalkulation").OnSheetDeactivate = ActiveWorkbook.Name_
 & "!Modul_Grundeinstellungen.Kalkulation_Deaktivierung"
```

Das Makro *Kalkulation_Aktivierung()* enthält nun die Grundeinstellungen, die bei der Aktivierung des Tabellenblattes ablaufen. Ein Haken ist bei der Programmierung zu beachten. Wird eine Tabelle innerhalb eines Makros mit der *Select*-Methode oder mit der *Activate*-Methode aktiviert, läuft dieses Makro nicht. Ist dies gewünscht, muß die Prozedur aufgerufen werden (vergleiche auch den zweiten Teil des Buches).

```
Sub Kalkulation_Aktivierung()
  ...
End Sub
```

Aufgaben

- Legen Sie das Modul *Grundeinstellungen* an!
- Schreiben Sie eine *Auto_Open()*-Prozedur, die die gewünschten Grundeinstellungen vornimmt!

Hinweise

Das Ergebnis dieser Aufgaben finden Sie in der Mappe *Angebotskalkulation_04*.

Wertung

Das Programm funktioniert und sicherlich ist diese Tatsache positiv zu werten. Trotzdem muß es überarbeitet werden. Bestimmte Probleme erkennt man erst am fertigen Produkt. Das gilt ganz besonders für Anfänger (auch Profis können nicht alle Probleme schon vorher erkennen). Gerade deshalb hat sich die Entwicklung von Prototypen bewährt.
Aus der Analyse heraus wurde ein Design entworfen, dann wurde programmiert. Aus der Programmierung heraus wurde die Analyse und das Design überarbeitet. Es funktioniert - aber läßt es sich auch warten?
Wartbarkeit bedeutet Modularität (vergleiche Definition weiter oben), übersichtlicher und gut lesbarer Code, eindeutige Zuordnung von Funktionalität und physischer Struktur sowie eine ausreichende Kommentierung. Ein zweites Ziel ist die Wiederverwendung der Prozeduren und Module in anderen Programmen. Läßt sich das Programm leicht erweitern?

Mit diesen Fragen beschäftigt sich der nächste Abschnitt.

4 Wartbarkeit und Wiederverwendbarkeit beachten - die dritte Runde

4.1 Analyse

Ausgangspunkt der Betrachtungen sind die Tabellenkarten, die hier noch einmal dargestellt werden. Der notwendige Programmcode für die Umsetzung der Verantwortlichkeiten findet sich in den dazugehörigen Modulen.

Kalkulationsblatt	
Rabatt, SummeVP, Festpreis, Kundengr, Angebotspreis,Verweistab	
Verantwortlichkeiten	Server
Kundendaten holen	Dialogbox, Listenfeld, Kundenliste
Materialdaten holen	Dialogbox, Listenfeld, Materialliste
Format prüfen	
Betriebswirtschaftliche Kennwerte berechnen	Optionsfeld
Druckliste erstellen	Druckliste
Einträge zurücksetzen	

Kundenliste	
Verantwortlichkeiten	Server
Kundendaten pflegen Kundendaten suchen/ übertragen	

Materialliste	
Verantwortlichkeiten	Server
Materialdaten pflegen Materialdaten suchen/ übertragen	

Druckliste	
Verantwortlichkeiten Bruttopreis bereitstellen	Server

Das Modul *Kalkulationsblatt* enthält im Wesentlichen die Prozeduren zum Holen der Datensätze aus der Materialliste und aus der Kundenliste. Das Holen der Informationen wird durch Dialogboxen und Listenfelder unterstützt. Die Formatprüfung wird in den Prozeduren *CmdOKSuchkrMat_Click()* und *CmdOKSuchkrK_Click()* (OK-Buttons der Dialogboxen zur Eingabe der Suchkriterien) vorgenommen. Es hätte gewiß Vorteile, hier eine eigenständige Funktion zu erstellen, die den Wert *True* oder *False* zurückgibt. Nur die Auswertung erfolgt dann in den genannten Prozeduren. Es könnten beliebige Formatprüfungen vorgenommen werden, ohne die Makros zu verändern.
Desweiteren gibt es die Funktion *Bereich_Bestimmen*. Beide Funktionen (*Bereich_Bestimmen* und *Format_Prüfen*) sind sehr allgemein gehalten und vielfach einsetzbar. Deshalb wird ein neues Modul angelegt: *Modul_Funktionen*.

4.2 Entwurf

Das aktuelle Design hat jetzt folgendes Aussehen:

Modul_Tabelle1(Kalkulationsblatt)

OptPrivatk_Click()	Optionsfeld
OptGeschäftsk_Click()	
LstMaterial_Click()	Listenfeld
LstKunde_Click()	

Modul_DialogMaterial(FrmSuchkrM)

CmdOKSuchkrMat_Click()	Dialogbox
CmdAbbrechenSuchkrMat_Click()	

Modul_DialogKunde(FrmSuchkrK)

CmdOKSuchkrK_Click()	Dialogbox
CmdAbbrechenSuchkrK_Click()	

Modul_Kalkulationsblatt

Kalkulation_Drucken()
Kalkulation_Zurücksetzen()

Modul_Datenlisten

DatensätzeMaterial_Suchen()
DatensätzeKunde_Suchen()
DatensätzeMaterial_Übertragen()
DatensätzeKunde_Übertragen()

Modul_Grundeinstellungen

Auto_Open()
Kalkulation_Aktivierung()
Kalkulation_Deaktivierung()

Modul_Funktionen

Format_Prüfen()
Bereich_Bestimmen()

Eine gute Wartbarkeit ist dann gegeben, wenn die einzelnen Module möglichst unabhängig sind. Die Verknüpfung der Module wird in der folgenden kleinen Abbildung dargestellt.

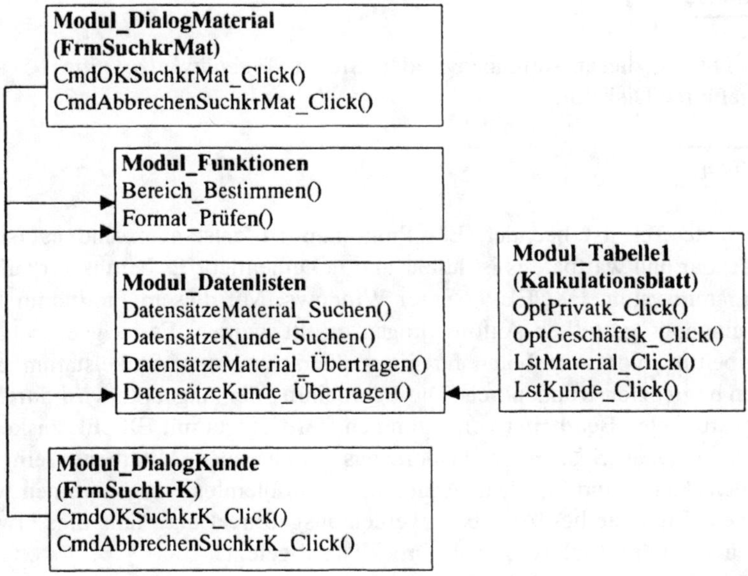

Die kleine Grafik veranschaulicht, daß die Module eine große Unabhängigkeit haben. Es gibt lediglich eine Verbindung zu dem *Modul_Funktionen* und zu den *Modul_Datenlisten*. Auf die Darstellung der restlichen Module wurde verzichtet, da diese unabhängig sind. Eine Erweiterung dieses Designs ist problemlos möglich. Damit beschäftigt sich der zweite Teil des Buches.

4.3 Implementation

Die Formatprüfung wird innerhalb einer Funktion realisiert. Die Vereinbarung und der Aufruf von Funktionen wurden bereits erläutert.

Aufgaben

- Ersetzen Sie die Befehle zur Prüfung der Eingabeformate in den Prozeduren *CmdOKSuchkrK_Click()* und *CmdOKSuchkrMat_Click()* durch einen Funktionsaufruf! Vereinbaren Sie dazu die Funktion *Format_Prüfung()*!
- Verschieben Sie die Funktion *Bereich_Bestimmen()* in das Modul *Modul_Funktionen*!

Hinweise

Die Lösung dieser Aufgaben finden Sie in *Angebotskalkulation_05* auf der beigefügten Diskette.

Wertung

Der erste Teil ist beendet. Ein Programm ist entstanden und es ist leicht bedienbar und wartbar, es ist lesbar und dokumentiert. Es beruht nur auf einem Programmsystem EXCEL 97 unter Windows. Mit diesem Programm können die eingangs gestellten Anforderungen erfüllt werden. Es ist geeignet für die Bearbeitung von Angeboten für einen überschaubaren Artikelstamm und für einen begrenzten Kundenkreis. Die Bearbeitung der Angebote wird durch einen eingearbeiteten Bearbeiter vorgenommen, der sich gut mit EXCEL auskennt. Es ist ein offenes System entstanden, das durch jeden Mitarbeiter eingesehen werden kann, und in dem Änderungen problemlos vorgenommen werden können. Die erstellten Angebote werden ausgedruckt und, falls dies erwünscht ist, auch für die Buchhaltung als Druckliste abgelegt.
Wozu einen zweiten Teil? Was soll jetzt noch kommen? Dazu einen kleinen Spruch von Eugen Roth:

> „Ein Mensch sah jedesmal noch klar:
> Nichts ist geblieben so, wie's war. -
> Woraus er ziemlich leicht ermißt:
> Es bleibt auch nichts so, wie's grad ist.
> Ja, heut schon denkt er unbeirrt:
> Nichts wird so bleiben, wie's sein wird."

Auch in unserer Firma gab es positive Veränderungen. Der Umsatz ist gestiegen, der Kundenkreis hat sich erweitert und der Artikelstamm hat sich vergrößert. Mehrere Mitarbeiter müssen sich mit der Angebotskalkulation beschäftigen. Das Programm ist nicht mehr ausreichend; jetzt kann überprüft werden, ob es tatsächlich problemlos erweiterbar ist.

Der zweite Teil beginnt wieder mit einer Analyse - die Funktionalität wird überarbeitet, die Benutzeroberfläche wird vervollkommnet (eigene Menüs !) und ein Datenbank-Server wird eingebunden.

Teil II

Angebote erstellen - professionelle Programmierung

Im letzten Teil wurden einige Methoden zur Lösung des betrieblichen Problems - Angebote schreiben - entwickelt. Das Ziel ist ein robustes und leicht wartbares Programm. Der Entwicklungsprozeß wurde in Phasen unterteilt – Analyse, Design, Implementation und Wertung. Leider gelang es uns nicht, in einem Durchlauf unser Ziel zu erreichen (das gelingt auch in der Praxis selten). Die kritische Wertung hat Mängel aufgezeigt, die in einer neuen Runde beseitigt wurden.
Ein wichtiges Hilfsmittel in der Analyse-Phase waren die Tabellenkarten. In diesen Karten wurden die Verantwortlichkeiten der einzelnen Tabellenblätter (einschließlich der Dialogboxen) festgelegt. Die Entwicklung des Programms war ein Wechselspiel: einerseits Tabellen aus der Kenntnis des Systems (bekannte Objekte) entwickeln und Verantwortlichkeiten zuordnen bzw. andererseits für Verantwortlichkeiten im System Tabellen anlegen.
In der Design-Phase wurde die physische Struktur der VBA-Anwendung festgelegt. Als Hilfsmittel diente eine einfache grafische Darstellung der Beziehungen zwischen den Modulen. Besonderer Wert wurde auf eine große Unabhängigkeit der Module gelegt. Sind die Module unabhängig - dann lassen sie sich gut warten.
Es hat sich gezeigt, daß es keine Methode an sich gibt, sondern jedes Problem spezifische Methoden verlangt.

Der Anwender will das System erweitern; es gilt, Ausgangspunkt und Ziel neu zu bestimmen sowie neue Methoden festzulegen.

5 Lösungsweg bestimmen

5.1 Ausgangspunkt definieren

Der Ausgangspunkt ist wesentlich freundlicher als zu Beginn des ersten Teils - es gibt ein solides Fundament. Die neue Anwendung soll auf dem vorhandenen Programm aufbauen. Da das Unternehmen in den letzten Monaten gewachsen ist, beschäftigen sich jetzt mehrere Mitarbeiter mit der Angebotskalkulation. Der Kundenkreis ist wesentlich größer geworden und das Artikelsortiment und das Leistungssortiment haben sich erweitert. Auch die neuen Mitarbeiter kennen sich in EXCEL gut aus.

5.2 Ziel festlegen

Die Dateien werden größer und damit die Sicherheit immer wichtiger. Das Programm soll netzwerkfähig werden. Die Einarbeitung weiterer neuer Mitarbeiter muß von Seiten des Programms optimal unterstützt werden. Es soll sich leicht bedienen lassen, wartbar und erweiterbar sein. Der Chef möchte das Kundenverhalten analysieren.

5.3 Methoden bestimmen

An der grundlegenden Vorgensweise wird sich nichts ändern. Es werden auch im zweiten Teil die Phasen *Analyse, Design, Implementation* mit einem anschließenden *Test* und einer *Wertung* durchlaufen. Diese Phasen werden mehrmals spiralförmig abgearbeitet - der im ersten Teil beschriebene Tornado. Die Tabellenkarten bleiben in der Analyse-Phase unsere wichtigste Technik. Mit ihnen werden die Verantwortlichkeiten und EXCEL-Blätter entworfen.
Eine Zielstellung ist die Netzwerkfähigkeit und die Erhöhung der Datensicherheit. Beide Forderungen lassen sich am besten mit einem professionellen Datenbankmanagementsystem (DBMS) realisieren.

Warum ist es notwendig, in einem professionellen Programm eine Datenbank einzusetzen und nicht mit den Tabellen zu arbeiten?
EXCEL lädt alle Daten in den Hauptspeicher, damit hat man einen schnellen Zugriff. Der Umfang der Daten ist aber begrenzt. Auch die Anzahl der Zeilen in einer Tabelle ist begrenzt. Datenbanken schreiben direkt in die Datei, der Umfang der Daten wird praktisch nur durch die Datenträger begrenzt. Ein weiterer Nachteil von EXCEL ist die Arbeit in Netzen. Datenbankprogramme unterstützen die Netzarbeit optimal (gleichzeitiger Zugriff auf eine Datei beispielsweise). EXCEL fehlen auch geeignete Schutzmechanismen. Arbeitet

man in einer Arbeitsmappe, dann kann man auch alle Daten sehen. Außerdem unterstützt EXCEL nicht das relationale Modell, das eine effektive, redundanzfreie Speicherung von Daten erlaubt sowie komplexe Abfragen durch eine Abfragesprache gestattet.

Die relationale Datenbank muß entworfen werden, dazu sind die Tabellenkarten nicht besonders gut geeignet.

Entity-Relationship-Modell

Der Entwurf von Datenbanken wird in den meisten Fällen mit Entity-Relationsship-Modellen (ERM) nach Chen (auch Chen-Diagramme genannt) durchgeführt[14].
Was ist eine Datenbank?
Eine Datenbank besteht aus logisch zusammengehörenden Dateien. Eine Datei entsteht durch die Zusammenfassung logisch zusammengehörender Datensätze. Alle Datensätze haben einen einheitlichen Schlüssel. Am besten läßt sich eine Datei als sogenannte einfache, lineare Datei darstellen (siehe Kundendatei weiter unten).
Der Begriff *Redundanz* (Duden: Überfluß) ist eine nicht notwendige Information. Das bedeutet, daß Daten entweder in mehreren Dateien gespeichert werden, oder daß in einer Datei bestimmte Datenelemente mehrmals vorhanden sind. Beide Möglichkeiten sind in der Realität oft anzutreffen. Äußere Redundanz läßt sich relativ leicht entdecken. Gleiche Datenfelder treten in mehreren Dateien auf. Innere Redundanz ist schwerer zu entdecken. Eine Möglichkeit, solche Redundanz zu verhindern, besteht darin, notwendige Informationen für einen betrieblichen Vorgang zu entkoppeln (in mehreren Tabellen speichern) und die Beziehungen über die Schlüsselelemente herzustellen.

Gibt es eine Technik, die erlaubt, vollständige, redundanzfreie Datenbanken zu entwickeln? Nein - nicht automatisch. Aber es gibt eine Technik, die sich bewährt hat – ja eben das ERM. Es handelt sich um eine statische Betrachtungsweise, deren Grundlage die folgenden Elemente sind: Objekte, Eigenschaften und Beziehungen.

[14] Das von Chen in „The Entity Relationship Model Toward a Unified View of Data" in ACM Transactions on Database Systems, vol. 1(1) beschriebene Modell wird von vielen Verfassern aufgegriffen. Es ist eine grundlegende Technik des strukturierten Systemdesigns. Eine sehr gute Zusammenfassung dieses Paradigmas wird in dem Buch von Page-Jones „Strukturiertes Systemdesign, Ein praktischer Leitfaden", das beim Hanser Verlag erschienen ist, gegeben.

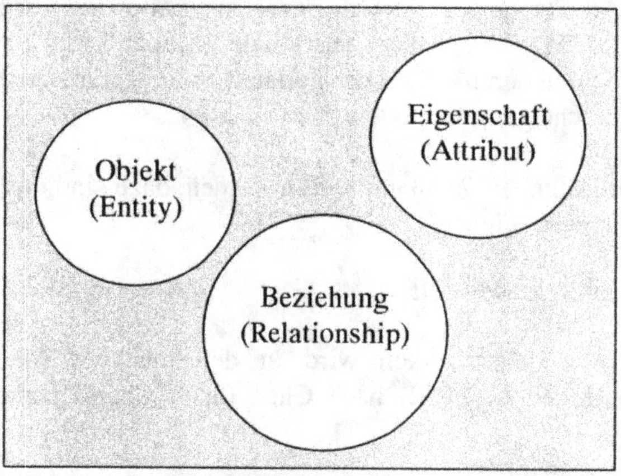

Die Komplexität entsteht aus der Kombination dieser drei Elemente. Es wird folgendermaßen vorgegangen:

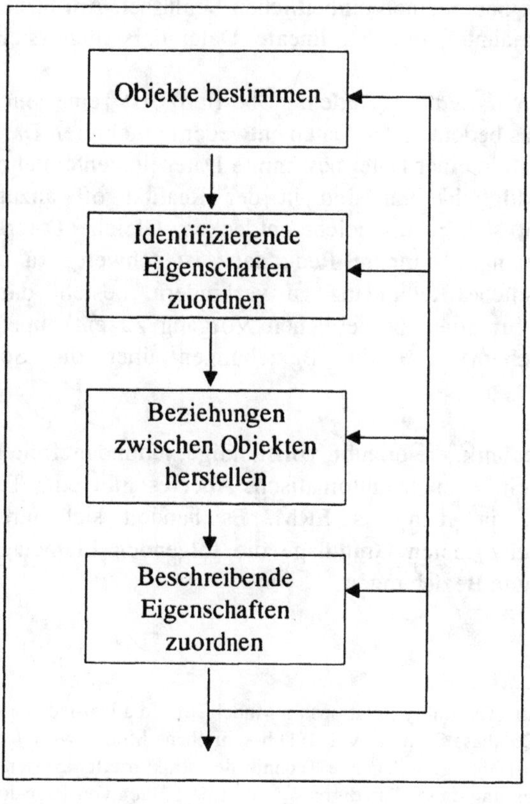

Objekte bestimmen

Objekte sind Gegebenheiten der realen oder der Vorstellungswelt, über die Informationen gespeichert werden sollen. Das Finden der richtigen Objekte kann aus der Kenntnis des Systems erfolgen oder durch eine Analyse der Anforderungen. Gibt es keine weiteren Anhaltspunkte, so können alle Hauptwörter aus dem Anforderungskatalog entnommen werden. Diese Objektkandidaten können dann weiter bearbeitet werden.

Objekte können somit sein:

- *Personen* wie z.B. Kunde, Mitarbeiter, Einwohner, usw.
- *Materielle Gegenstände* wie z.B. Produkt, Gebäude, usw.
- *Ereignisse* wie z.B. Reisebuchung, Seminaranmeldung, usw.
- *Abstrakte Zusammenhänge* wie z.B. Vertrag, Seminar, usw.

a) Identifizierende Eigenschaften zuordnen

Jede Ausprägung eines Objekts ist individuell und damit eindeutig identifizierbar, d. h. es gibt mindestens eine Eigenschaft bzw. eine Kombination von Eigenschaften, bei denen diese Ausprägungen verschiedene Werte haben. Diese Eigenschaft wird auch *Schlüsselattribut* genannt. Jeder Kunde hat eine Kundennummer (*KNR*) und jede Reisebuchung hat eine Buchungsnummer (*BNR*). Über diese Schlüsselattribute können Beziehungen zwischen den Objekten aufgebaut werden.

b) Beziehungen zwischen Objekten herstellen

Eine Beziehung beschreibt qualitativ und quantitativ den fachlichen Zusammenhang zwischen zwei Objekten. In den folgenden Abbildungen wird der Zusammenhang zwischen Kunden und Lieferanten grafisch dargestellt. Man kann prinzipiell drei Beziehungsarten definieren:

- Typ 1 ist die *1:1 -Beziehung*
- Typ 2 ist die *1:n -Beziehung*
- Typ 3 ist die *m:n -Beziehung*

Typ 1:

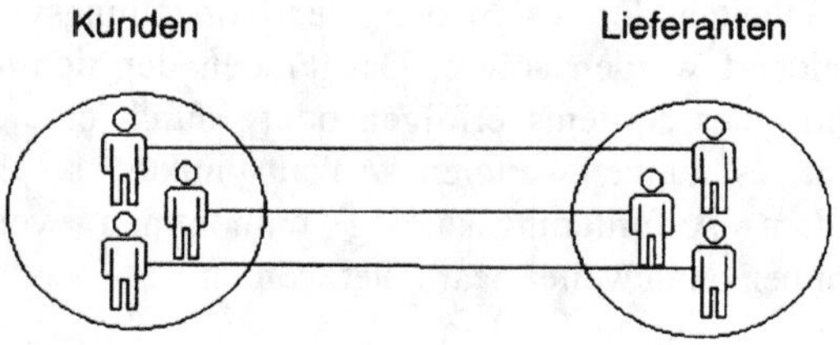

Hier handelt es sich um eine Beziehung vom *Typ 1* - jeder Kunde bekommt seine Produkte genau von einem Lieferanten. Dieser Lieferant beliefert nur diesen einen Kunden.

Typ 2:

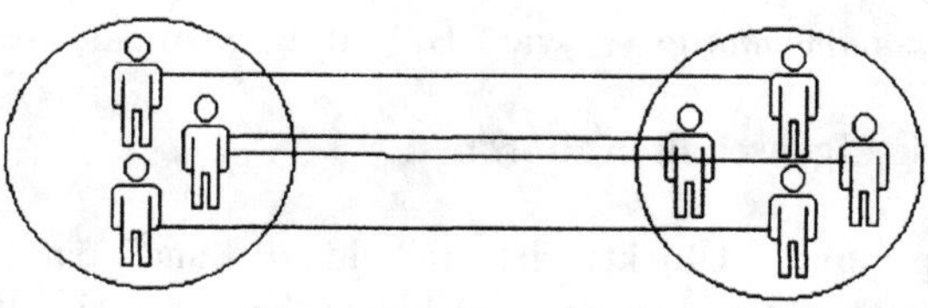

Bei einer Beziehung vom *Typ 2* hat wenigstens ein Kunde die Möglichkeit, seine Produkte von mehreren Lieferanten zu beziehen. Es gibt aber keinen Lieferanten, der mehrere Kunden beliefern kann.

Typ 3:

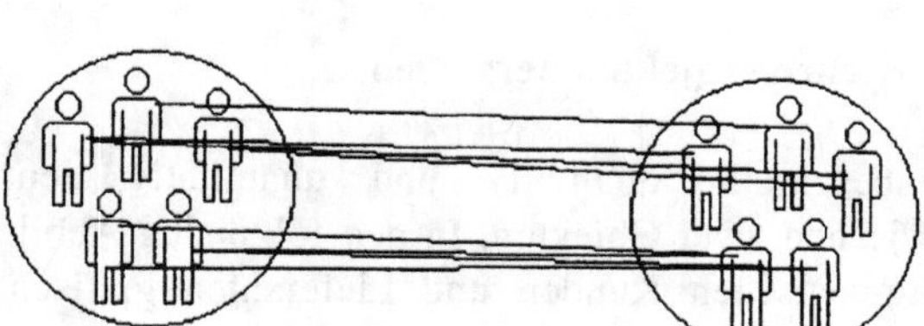

Bei einer Beziehung vom *Typ 3* ist alles erlaubt. Die Kunden dürfen bei unterschiedlichen Lieferanten bestellen und die Lieferanten ihrerseits dürfen an beliebig viele Kunden liefern.
Die Art der Beziehung hat einen Einfluß auf die Gestaltung der Datenbank. Eine Beziehung vom *Typ 1* kann in einer Tabelle redundanzfrei gespeichert werden, denn die beiden Objekte treten nur in der einen möglichen

Kombination auf. *Typ 2* erfordert schon zwei Tabellen, denn es würde Redundanz entstehen, sobald ein Kunde von zwei oder mehreren Lieferanten beliefert werden kann. *Typ 3* kann nur in drei Tabellen redundanzfrei gespeichert werden. Die Redundanzfreiheit bezieht sich auf die beschreibenden Eigenschaften. Schlüsseleigenschaften müssen redundant gespeichert werden, denn über sie werden die Beziehungen hergestellt.

c) Beschreibende Eigenschaften zuordnen

Eigenschaften beschreiben den Informationsbedarf über ein Objekt. Jede Eigenschaft nimmt für jede Ausprägung des Objektes einen bestimmten Wert aus einem definierten Wertebereich (Domän) an. In der folgenden Tabelle sind die Eigenschaften des Objekts *Kunde* zusammengefaßt. Die *Kundennummer* (*KNR*) ist das Schlüsselattribut – *Name, Straße, Ort* und *Postleitzahl* (*PLZ*) sind die beschreibenden Eigenschaften.

KNR	Name	Strasse	Ort	PLZ
PS001	Heinz Lehmann	Rosenweg 3	Lübeck	23562
PL001	Hans Rode	Nelkenstr. 4	Hanshagen	17509
GH001	Hochschule	Schulstr. 7	Berlin	12389
GW001	Werft	Werftstr. 3	Hamburg	22340

Welche beschreibenden Eigenschaften notwendig sind, hängt von den Funktionen ab, die umgesetzt werden müssen. Soll beispielsweise auch die Bezahlung einer Lieferung im Einzugsverfahren abgewickelt werden, so müßte auch die Bankverbindung gespeichert werden.

Entity–Relationship-Diagramm

Die grafische Notation dieser Vorgehensweise ist das Entity-Relationship-Diagramm. Mit Hilfe dieses Diagramms kann das Datenbankdesign visualisiert werden. Für den Entwickler ergibt sich die Möglichkeit, seine Datenbank im Diagramm zu entwickeln. Es ist ein hervorragendes Instrument, auf dessen Grundlage Probleme mit dem Benutzer gelöst werden können.
Im Diagramm können die folgenden Darstellungselemente verwendet werden:

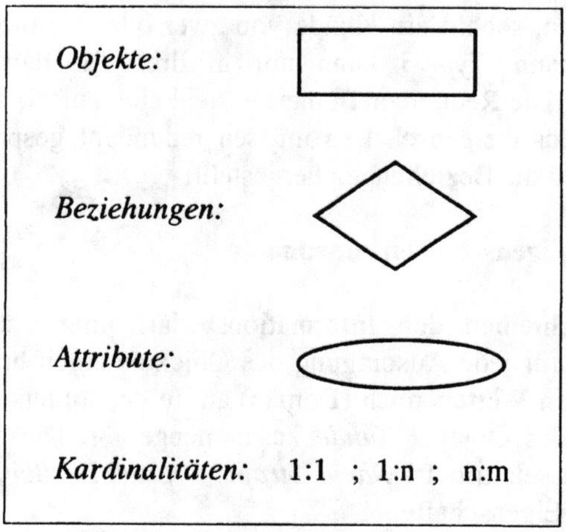
Objekte:
Beziehungen:
Attribute:
Kardinalitäten: 1:1 ; 1:n ; n:m

6 Funktionalität erweitern - die vierte Runde

6.1 Analyse

Anforderungen überarbeiten

Ausgangspunkt eines Software-Projekts sind die Anforderungen. Im Teil I wurden einige Hinweise gegeben, wie Anforderungen formuliert werden können. Eine tabellarische Darstellung ist für ein größeres Problem natürlich nicht ausreichend. Es muß ein Katalog erstellt werden. Für dieses Beispiel ist die Tabelle ausreichend. Folgende Funktionen wurden im ersten Teil des Buches formuliert:

Funktionselemente	Anforderungen
Angebot zusammenstellen	Übernahme des Kunden aus einer Liste, Übernahme des Materials aus einer Liste, Vergabe eines Festpreises, Vergabe eines Mengenrabatts
Stammdaten: Kunde	Neuanlage, Bearbeiten, Löschen
Stammdaten: Material	Neuanlage, Bearbeiten, Löschen
Kalkulation drucken	Übernahme der Daten in eine Druckliste, Bereitstellung des Bruttopreises, Ausdruck

Leider verändern sich die Anforderungen an ein Software-System ständig. Solche Veränderungen ergeben sich aus ganz natürlichen Entwicklungsprozessen. Neue Technologien und Geräte werden erfunden oder neue Gesetze werden beschlossen bzw. ein verändertes Kundenverhalten erfordert andere Unternehmensstrategien. Es wird eine neue Währung eingeführt oder man kommt in ein neues Jahrtausend. Sicherlich könnte man hier noch sehr viele Gründe finden, die zu neuen Anforderungen führen. Ein Software-System muß gewartet werden, und ein Ziel des Software-Engineerings besteht darin, Software-Systeme zu entwickeln, die sich problemlos an die neuen Anforderungen anpassen lassen. Dieser Aspekt wurde im ersten Teil dieses Buches berücksichtigt. Die Veränderungen für unser Beispiel wurden am Anfang des zweiten Teils beschrieben. Aus den Veränderungen ergeben sich neue Anforderungen, die wiederum tabellarisch dargestellt werden.

Funktionselemente	Anforderungen
Angebotskalkulation	Übernahme des Kunden aus einer Datenbank (DB), Übernahme des Materials aus einer DB, Vergabe eines Festpreises, Vergabe eines Mengenrabatts, Rabatteingabe Übernahme der Daten in eine Druckliste, Bereitstellung des Bruttopreises, Ausdruck
Stammdaten: Kunde	Datenbankdatei (DB-Datei), Neuanlage, Bearbeiten, Löschen in einem Formular
Stammdaten: Material	DB-Datei, Neuanlage, Bearbeiten, Löschen in einem Formular
Angebotsdaten	DB-Datei, automatische Fortschreibung, Bearbeiten, Löschen in einem Formular
Angebotsrecherche und -anzeige	Welcher Kunde hat wie oft Angebote eingefordert? Welcher Kunde hat wie oft wirklich bestellt? Angebote mit den dazugehörigen Daten anzeigen, Ausdruck der Recherche
Eigene Menüs und Symbolleisten	Alle Excel-Menüs und Symbolleisten, die nicht für die Angebotsbearbeitung genutzt werden, sollen durch eigene Menüs ersetzt werden.

Die Rabatteingabe stellt eine Funktion dar, die es ermöglicht, neben dem Mengenrabatt und dem Festpreis auch einen benutzerdefinierten Rabatt zu gewähren.

Tabellenkarten

Wir hatten die Tabellenkarten als wichtigstes Analysemittel kennengelernt. Ihr Aufbau und ihre Anwendung sind einfach, trotzdem sind sie hervorragend für die kleinen kompakten Anwendungen in VBA geeignet. Diese Karten werden wiederverwendet. Aus den Anforderungen lassen sich folgende Karten bestimmen:

Kalkulationsblatt	
Rabatt, SummeVP, Festpreis, Kundengr, Verweistab, Rabatteingabe	
Verantwortlichkeiten	Server
Kunden holen	Dialogbox
Material holen	Dialogbox
Druck veranlassen	Druckliste
Angebotsarbeit veranlassen	Dialogbox
Angebote speichern	DBMS
Stammdatenpflege veranlassen	Dialogbox
Betriebswirtschaftliche	Optionsfeld
Kennwerte berechnen	
Kalkulation zurücksetzen	

Kalkulationsdruckliste	
Verantwortlichkeiten	Server
Bruttopreis bereitstellen	

Angebotsblatt	
Verantwortlichkeiten	Server
Angebote anzeigen	Dialogbox
Recherche anzeigen	Dialogbox
Ausdruck veranlassen	
Recherche zurücksetzen	
Kalkulationsarbeit veranlassen	

Dialog *Angebote*	
Verantwortlichkeiten Angebotsdatensätze holen Anzeige veranlassen Recherche veranlassen Angebotsrealisierung quittieren	Server DBMS

Dialog *Kundenstammdaten*	
Verantwortlichkeiten Kundendatensätze suchen, erfassen, speichern, ändern, löschen und übertragen	Server DBMS

Dialog *Materialstammdaten*	
Verantwortlichkeiten Materialdatensätze suchen, erfassen, speichern, ändern, löschen und übertragen	Server DBMS

Datenbank gestalten

Der Server DBMS steht für *Data Base Management System*. Es wird das Programm MS ACCESS eingesetzt. Dieses Programm gehört zum Microsoft Office-Paket. Die Datenbank wird im *Entity-Relationship-Diagramm* entworfen.

Das Diagramm hat dann folgendes Aussehen:

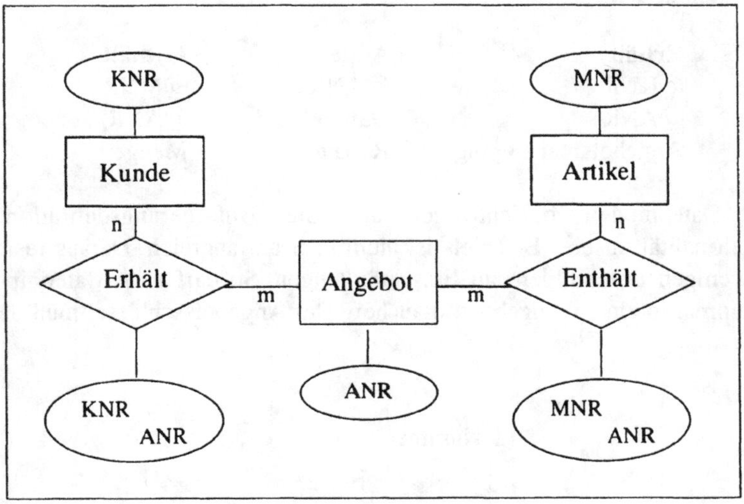

Die Namen der *Entity-Typen* sollen das Objekt charakterisieren. Der Name der Beziehung ist so zu wählen, daß sich ein sinnvoller Satz ergibt, z.B. „Der Kunde erhält ein Angebot".

Objekte und Beziehungen müssen beschrieben werden. In die Beschreibung gehören alle anderen Namen für die Eigenschaften der Elemente. Schlüsselattribute werden mit dem Zeichen @ gekennzeichnet. Es ist zu sehen, daß die Beziehungstypen einen Schlüssel haben, der aus mehreren Elementen besteht (Verbundschlüssel).

Das Datenmodell, das sich aus dem obigen ERM ergibt, hat dann folgendes Aussehen:

Kunde	**Material**	**Angebot**
@KNR	@MNR	@ANR
Name	Materialbezeichnung	
Strasse	VP	
Ort	Matgr	
PLZ		

Erhält	**Enthält**
@KNR	@MNR
@ANR	@ANR

Aus der Tabelle mit den Anforderungen ergeben sich weitere Eigenschaften für das Datenmodell:

Erhält	**Angebot**	**Enthält**
@KNR	@ANR	@MNR
@ANR	Datum	@ANR
Angebotsrealisierung	Rabatt	Menge

Das Datenmodell bezieht sich auf die Anforderungsdefinition. Die Funktionalität unseres Beispiels ist nicht sehr umfangreich. Daraus resultieren die wenigen Datenfelder und Einschränkungen. So darf eine Materialposition nur einmal in einem Angebot auftauchen. Der Angebotsschlüssel muß definiert werden:

Jahr
lfd. Nummer
↓ ↓
1999 00001

Tabellenblätter und Dialogboxen gestalten

a) Kalkulationsblatt

Es wird eine zusätzliche Schaltfläche RABATTEINGABE eingefügt. Die Schaltflächen KUNDE und MATRIAL, die noch aus der Version *Angebotskalkulation_02* stammen, werden durch Buttons ersetzt. Damit werden in der gesamten Anwendung gleiche Steuerelemente verwendet.

b) Datenlisten

Die Materialliste und die Kundenliste enthielten die Tabellen mit den Daten, den Bereich für die Suchkriterien und den Zielbereich. Sie erfüllen nicht mehr die neuen Anforderungen nach Netzwerkfähigkeit und Datensicherheit und erlauben keine komplexen Abfragen. Die Datenlisten werden aus dem Design entfernt. Die Daten werden in eine ACCESS-Datenbank gespeichert. Die Arbeit in der Datenbank wird in den Dialogboxen *Kundenstammdaten* und *Materialstammdaten* realisiert.

c) Angebotsanzeige und -recherche

Dieses Blatt wird sowohl zur Anzeige eines Angebotes genutzt als auch für die Ausgabe der Recherche. Will man ein Angebot anzeigen lassen, so muß die gewünschte Angebotsnummer eingegeben werden. Die Anzeige wird auch zur Bestätigung der Angebotsrealisierung genutzt. Die Eingabe der Angebotsnummer und die Angebotsrealisierung wird durch die Dialogbox *Angebote* unterstützt. Die folgende Abbildung zeigt die Gestaltung der Anzeige:

Angebotsanzeige

Angebotsnummer	Kundennummer	Datum	Angebotsrealisierung
199900001	GH002	11.01.99	FALSCH

Materialnummer	Menge
HKG001	10

Die Recherche bezieht sich auf einen Kunden. Es wird nach den Angeboten recherchiert, die der Kunde im laufenden Jahr bekommen hat und welche davon tatsächlich realisiert wurden.

Angebotsrecherche

Kundennummer	Angebotsnummer	Datum	Angebots-realisierung	Umsatz
GH002	199900001	11.01.99	FALSCH	3.847,50 DM
GH002	199900004	11.01.99	WAHR	3.942,50 DM
GH002	199900007	15.01.99	FALSCH	1.000,00 DM

Die Eingabe der Kundennummer wird durch die Dialogbox *Angebote* unterstützt.

d) Dialogbox *Angebote*

Die Dialogbox muß eine Eingabe der Suchkriterien für die Angebote erlauben und eine Auswahl der gewünschten Funktion bereitstellen.

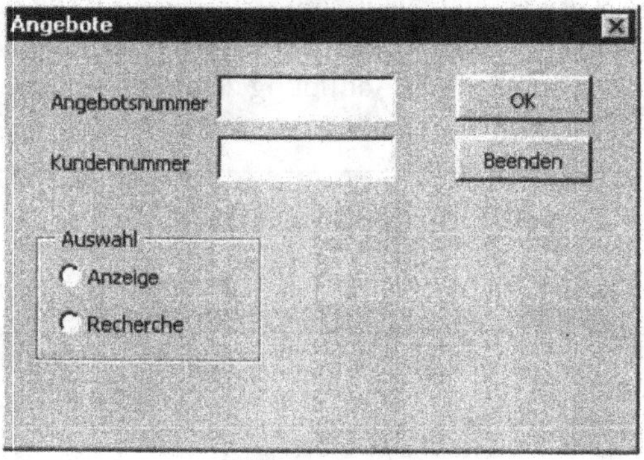

Die Eingabe der Suchkriterien (*Kundennummer* und *Angebotsnummer*) wird über zwei Textelemente realisiert. Die Auswahl *Anzeige* oder *Recherche* wird mittels Optionsfelder umgesetzt. Das Kontrollkästchen ANGEBOTSREALISIERUNG wird für die Bestätigung der Realisierung eines Angebots genutzt.

e) Dialogbox *Kundenstammdaten* und *Materialstammdaten*

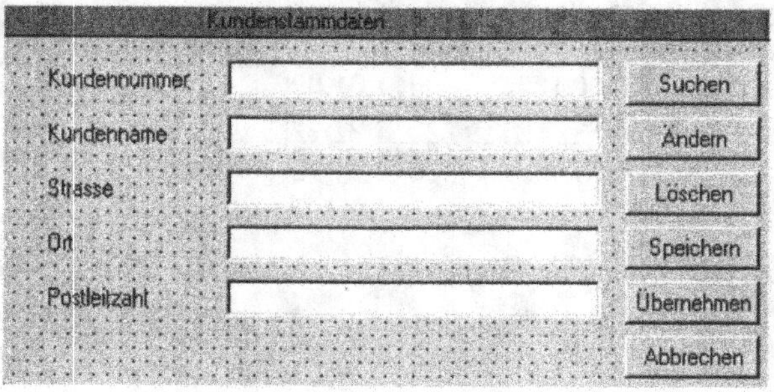

Der Aufbau der Dialogboxen wird aus der Abbildung deutlich. Für die Materialstammdaten wird ein ähnlicher Aufbau verwendet. Zwei Schaltflächen sind in der Dialogbox nicht sichtbar. Unter der Schaltfläche SUCHEN befindet sich eine Schaltfläche NÄCHSTER. Sie wird immer dann eingeblendet, wenn aufgrund des Suchkriteriums mehr als ein Datensatz gefunden wird. Die zweite nicht sichtbare Schaltfläche, sie befindet sich unter der Schaltfläche SPEICHERN, ist HINZUFÜGEN. Diese Schaltfläche ist sichtbar, wenn das Dialogfeld erstmals geöffnet wird. Klickt der Benutzer diese Schaltfläche an, so werden die Textfelder zur Eingabe freigegeben und die Schaltfläche SPEICHERN erscheint, mit der dann der neue Datensatz abgespeichert werden kann.

Professionelle Datenbankprogramme haben noch weitere Steuerelemente in diesen Formularen. Dieses Formular ist ein vernünftiger Kompromiß zwischen Machbarkeit und Effektivität. Sehr umfangreiche Anforderungen an die Datenbankarbeit sind umständlich zu programmieren und dann auch langsam.

Aufgaben

- Entfernen Sie die Datenlisten und die Dialogboxen *Suchkriterien_Material* bzw. *Suchkriterien_Kunde* aus der Arbeitsmappe!
- Legen Sie das Angebotsblatt an!
- Legen Sie die Dialogbox *Angebote* an! Denken Sie an die Namenskonventionen für die Namen der Steuerelemente (der Name für das Kontrollkästchen soll mit Chk... beginnen)!
- Legen Sie die Dialogboxen *Kundenstammdaten* und *Materialstammdaten* an!

6.2 Entwurf

Der Entwurf ergibt sich aus den Gestaltungskriterien, die durch VBA vorgegeben sind, und den von uns festgelegten Modulen. Die ereignisorientierten Prozeduren der Tabelle1 (Kalkulationsblatt) werden in dem entsprechenden Modul der Tabelle1 hinterlegt.

Tabelle1

CmdKundeTabelle1_Click()
CmdMaterialTabelle1_Click()
OptGeschäftsk_Click()
OptPrivatk_Click()
CmdRabatteingabe_Click()

Modul_Kalkulationsblatt

Angebotsarbeit_Veranlassen()
Drucklistenarbeit_Veranlassen()
Materialstammdaten_Aktualisieren()
Kundenstammdaten_Aktualisieren()
Kalkulation_Drucken()
Kalkulation_Zurücksetzen()
Kalkulation_Beenden()
Angebote_Speichern()

Das Kalkulationsblatt ist das Hauptarbeitsblatt, hier wird kalkuliert und die Speicherung des fertigen Angebots veranlaßt. Das Blatt bildet auch den Ausgangspunkt für die Angebotsarbeit und die Aktualisierung der Stammdaten. Die Prozeduren *Materialstammdaten_Aktualisieren()* und *Kundenstammdaten_Aktualisieren()* zeigen die Dialogboxen *Materialstammdaten* und *Kundenstammdaten*. *Angebote_Speichern()* beinhaltet alle Aktivitäten zum Speichern des aktuellen Angebots. *Kalkulation_Beenden()* stellt den Ausgangszustand wieder her. Hier werden z.B. die Standardmenüleisten eingeblendet und andere benutzerdefinierte Einstellungen rückgängig gemacht. *Angebotsarbeit_Veranlassen()* und *Drucklistenarbeit_Veranlassen()* bewirken einen Wechsel in die entsprechenden Listen.
Es fällt auf, daß die Makros für die Listenfelder entfernt wurden. Die Suche nach bestimmten Datensätzen wird ohne Listenfelder durchgeführt. Die Dialogboxen *Kundenstammdaten* und *Materialstammdaten* übernehmen deren Funktion.

Im Modul *Datenlisten* besteht die größte Unsicherheit. Die Suche erfolgt nicht mehr mit dem Spezialfilter von EXCEL, sondern mit den entsprechenden Datenbankfunktionen. Die Übertragung der Datensätze in das Kalkulationsblatt liegt in der Verantwortung der Dialogboxen *Kundenstammdaten* und *Materialstammdaten*. Das Modul *Datenlisten* wird gelöscht.

Modul_Funktionen [15]

Bereich_Bestimmen()
Format_Prüfen()

Modul_Grundeinstellungen

Auto_Open()
Auto_Close()
Angebot_Aktivieren()
Kalkulation_Aktivieren()
Druckliste_Aktivieren()

Die folgenden Module müssen neu angelegt werden. Für das neue Blatt sehen wir entsprechend unserer Design-Kriterien ein Modul vor.

Modul_Angebotsblatt

Kalkulationsarbeit_Veranlassen()
Recherche_Zurücksetzen()

Modul_DialogAngebot (FrmAngebote)

ChkAngebotsrealisierung_Click()
CmdBeendenAngebot_Click()
CmdOKAngebot_Click()
OptAnzeige_Click()
OptRecherche_Click()
TxtAngebotsnummer_Change()
TxtKundennummer_Change()

[15] Dieses Modul weicht von unseren bisherigen Design-Kriterien ab. Wir haben bisher Module entwickelt, die eine bestimmte Funktionalität bündeln (ausgehend von der Funktion einer Tabelle) und einen möglichst geringen Kopplungsgrad zu anderen Modulen haben (z.B. keine globalen Variablen). Page-Jones, „Strukturiertes Systemdesign, Ein praktischer Leitfaden", Hanser Verlag liefert uns für dieses Design eine Begründung. Er schlägt im Kapitel 7 (Weitere Design-Richtlinien) die Erzeugung von allgemeingültigen Modulen vor. Er schreibt: "Durch die Methode der Aufteilung entstehen allgemeine, generell verwendbare Module." Sie können an vielen Stellen des Systems eingesetzt werden.

Modul_DialogKundenstamm (FrmKundenstammdaten)

CmdSuchenKundenStDat_Click()
CmdAbbrechenKundenStDat_Click()
CmdNächsterKundenStDat_Click()
CmdHinzufügenKundenStDat_Click()
CmdSpeichernKundenStDat_Click()
CmdÄndernKundenStDat_Click()
CmdLöschenKundenStDat_Click()
CmdÜbernehmenKundenStDat_Click()

Viel mehr läßt sich zu dieser Zeit nicht analysieren. Es werden die ereignisorientierten Prozeduren der Steuerelemente benötigt (Buttons).

Modul_DialogMaterialstamm (FrmMaterialstammdaten)

CmdSuchenMaterialStDat_Click()
CmdAbbrechenMaterialStDat_Click()
CmdNächsterMaterialStDat_Click()
CmdHinzufügenMaterialStDat_Click()
CmdSpeichernMaterialStDat_Click()
CmdÄndernMaterialStDat_Click()
CmdLöschenMaterialStDat_Click()
CmdÜbernehmenMaterialStDat_Click()

Aus den Erfahrungen des ersten Teils ist bekannt, daß dieser Entwurf noch überarbeitet werden muß. In den Modulen der neu hinzugekommenen Dialogboxen sind die ereignisorientierten Prozeduren der Buttons und anderer Steuerelemente aufgeführt.

Wie kann man Analyse und Entwurf noch verbessern?
Eine Möglichkeit ist die Darstellung von Szenarios. Man läßt gedanklich bestimmte Ereignisse (fett) aufeinanderfolgen und versucht die Aktionen (kursiv) des Systems zu beschreiben.
Solche Szenarios, beispielsweise für die Quittierung eines Angebots (die Rolle von *ChkAngebotsrealisierung_Click()* ist unklar), werden ganz einfach aufgeschrieben.

- **Der Benutzer wählt aus dem Menü DATEN im Kalkulationsblatt *Angebote* aus.** *Auf dem Bildschirm erscheint Angebotsblatt.*

- **Der Benutzer wählt aus dem Menü DATEI den Befehl NEUE RECHERCHE aus.** *Es wird die Dialogbox ‚Angebote' angezeigt und es wird die Tabelle für die Ausgabe initialisiert.*

- **Der Benutzer gibt die Angebotsnummer ein und klickt auf das OK-Button.** *Auf dem Bildschirm erscheint im Tabellenblatt das gesuchte Angebot. Die Dialogbox wird um das Kontrollkästchen ANGEBOTSREALISIERUNG erweitert.*

- **Der Benutzer klickt auf das Kontrollkästchen – das Häkchen wird angezeigt.** *Das Feld ‚Angebotsrealisierung' in der Datei ‚Erhält' wird von ‚False' auf ‚True' gesetzt. Die Bildschirmanzeige wird aktualisiert.*

Sich solche Szenarios vorzustellen bzw. aufzuschreiben, ist eine mühselige aber notwendige Tätigkeit. Hier wird klar, daß für *ChkAngebotsrealisierung_Click()* die Funktionen *Speicherung der Angebotsrealisierung in eine Datei* und *Aktualisierung der Bildschirmanzeige* zu programmieren sind.
Eine grafische Darstellung des Designs veranschaulicht die Beziehungen der Module. Module sollen möglichst unabhängig sein.

Aufgaben

- Legen Sie das Modul *Angebotsblatt* an! Das Modul *Angebotsblatt* bleibt zunächst leer.

Modul_Grundeinstellungen
Auto_Open()
Auto_Close()
Kalkulation_Aktivieren()
Angebot_Aktivieren()
Druckliste_Aktivieren()

Modul_Angebotsblatt
Kalkulationsarbeit_Veranlassen()
Recherche_Zurücksetzen()

Modul_Kalkulationsblatt
Angebotsarbeit_Veranlassen()
Drucklistenarbeit_Veranlassen()
Materialstammdaten_Aktualisieren()
Kundenstammdaten_Aktualisieren()
Kalkulation_Drucken()
Kalkulation_Zurücksetzen()
Angebote_Speichern()

Tabelle1
CmdKundeTabelle1_Click()
CmdMaterialTabelle1_Click()
OptGeschäftsk_Click()
OptPrivatk_Click()
OptRabatt_Click()

Modul_DialogAngebot
ChkAngebotsrealisierung_Click()
CmdBeendenAngebot_Click()
CmdOKAngebot_Click()
OptAnzeige_Click()
OptRecherche_Click()
TxtAngebotsnummer_Change()
TxtKundennummer_Change()

Modul_Funktionen
Bereich_Bestimmen()
Format_Prüfen()

Modul_DialogMaterialstamm
CmdSuchenMaterialStDat_Click()
CmdAbbrechenMaterialStDat_Click()
CmdNächsterMaterialStDat_Click()
CmdHinzufügenMaterialStDat_Click()
CmdSpeichernMaterialStDat_Click()
CmdÄndernMaterialStDat_Click()
CmdLöschenMaterialStDat_Click()
CmdÜbernehmenMaterialStDat_Click()

Modul_DialogKundenstamm
CmdSuchenKundenStDat_Click()
CmdAbbrechenKundenStDat_Click()
CmdNächsterKundenStDat_Click()
CmdHinzufügenKundenStDat_Click()
CmdSpeichernKundenStDat_Click()
CmdÄndernKundenStDat_Click()
CmdLöschenKundenStDat_Click()
CmdÜbernehmenKundenStDat_Click()

6.3 Implementation

Datenbankdateien vereinbaren

Es müssen insgesamt 5 Datenbankdateien (Tabellen) angelegt werden. Das genutzte DBMS ist ACCESS. Das Programm ist sehr komplex. Für das Beispiel ist die Definition von Datenbankdateien interessant. Dazu wird ACCESS gestartet und die Option NEUE DATENBANK | UNTER VERWENDUNG EINER LEEREN DATENBANK gewählt. In einer Dialogbox erscheint die Aufforderung zur Vergabe eines Namens für die Datenbank. Der Name der Datenbank ist *Verkauf*.
Im Datenbankfenster ist der Ordner TABELLEN noch leer. Durch Klick auf das Button NEU und ENTWURFSANSICHT kann eine Datenbanktabelle definiert werden.
Definieren bedeutet, daß die Felder einer Datenbanktabelle festgelegt werden – für jedes Feld muß ein *Name* und der *Felddatentyp* gewählt werden.
Die folgenden Feldtypen können verwendet werden:

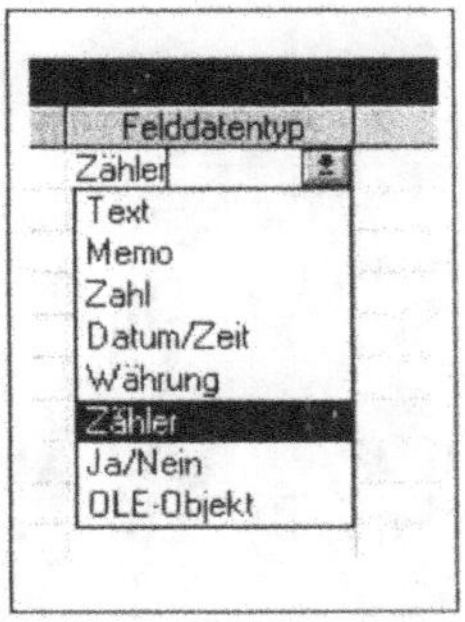

- *Text* für Zahlen und Text in einer Länge von 255 Zeichen
- *Memo* für sehr lange Texte
- *Zahl* für numerische Felder
- *Datum/Zeit* für Datums- bzw. Zeitfelder
- *Zähler* für Schlüsselfelder, die mit einer laufenden Nummer versehen werden sollen
- *Ja/Nein* für logische Felder
- *OLE-Objekt* für Felder mit eingebetteten Objekten

Zuerst wird der Name des Feldes eingegeben (Spaltenüberschrift), dann wechselt man in FELDDATENTYP und wählt den richtigen Typ aus. Wurden alle Felder eingegeben, wird der Schlüssel festgelegt. Dazu wird das entsprechende Feld markiert (für die Markierung mehrerer Felder <Strg>-Taste

drücken) und dann mit dem Befehl BEARBEITEN | PRIMÄRSCHLÜSSEL (oder *Schlüsselsymbol* in der Symbolleiste nutzen) bearbeitet.
Für jedes Feld können Gültigkeitsregeln bzw. Eigenschaften festgelegt werden. Zum Speichern der Tabellen wird der Befehl DATEI SPEICHERN verwendet. Um Daten zu erfassen, müssen die zuvor vereinbarten Tabellen geöffnet werden. Dazu wird die gewünschte Tabelle im Datenbankfenster angeklickt und das Button ÖFFNEN genutzt. Die Eingabe erfolgt tabellarisch und ist mit EXCEL vergleichbar.

Aufgaben

- Legen Sie eine neue ACCESS-Datenbank mit dem Namen *Verkauf* an!
- Definieren Sie die Tabellen *Kunde, Material, Angebot, Enthält, Erhält*!
- Geben Sie Datensätze ein (pro Tabelle mindestens einen Datensatz)! Für die Materialdatei und die Kundendatei nehmen Sie die Beispieldaten aus Teil I.

Hinweise

Kunde

Feld	Typ	Länge	Format
@KNR	Text	5	
Name	Text	50	
Strasse	Text	50	
Ort	Text	50	
PLZ	Text	50	

KNR	Name	Strasse	Ort	PLZ
PS001	Heinz Lehmann	Rosenweg 3	Lübeck	23562
PL001	Hans Rode	Nelkenstr. 4	Hanshagen	17509
GH001	Hochschule	Schulstr. 7	Berlin	12389
GW001	Werft	Werftstr. 3	Hamburg	22340

Material

Feld	Typ	Länge	Format
@MNR	Text	6	
Materialbezeichnung	Text	50	
VP	Zahl	Single	Währung
Matgr	Text	50	

MNR	Materialbezeichnung	VP	Matgr
HKG001	VGA Grafikkarte 16 Bit	405,00 DM	Grafikkarten
HKN001	Netzwerkkarte, 32 Bit,	850,00 DM	Netzkarten
HMC001	VGA-Monitor color	1.085,00 DM	Farbmonitore
HMC002	20" Multiscan Monitor,	5.750,00 DM	Farbmonitore
HMM001	VGA-Monitor	410,00 DM	Monitore
HSD001	PACII-Floppy 3 1/2",1.44	200,00 DM	Diskettenlaufwerke
HSF001	DataPacII 400 MB, 17 ms	540,00 DM	Festplatten
HTS001	MF-Tastatur	175,00 DM	Tastaturen

Erhält

Feld	Typ	Länge	Format
@KNR	Text	5	
@ANR	Text	9	
Angebotsrealisierung	Ja/Nein		

KNR	ANR	Angebotsrealisierung
GH001	199900001	Ja

Angebot

Feld	Typ	Länge	Format
@ANR	Text	9	
Datum	Datum/Zeit		Datum, kurz
Rabatt	Zahl	Single	Prozentzahl (2 Stellen)

ANR	Datum	Rabatt
199900001	11.01.99	5,00%

Enthält

Feld	Typ	Länge	Format
@MNR	Text	6	
@ANR	Text	9	
Menge	Zahl	Integer	

MNR	ANR	Menge
HSD001	199900001	10
HSF001	199900001	2

Menüleisten entwerfen

EXCEL bietet eine Menge Menüs und Befehle in den unterschiedlichsten Menüleisten an. Diese Befehle werden benötigt, um die mannigfaltigen Probleme damit zu bearbeiten. Durch die Makroprogrammierung lösen wir für die Angebotskalkulation die EXCEL-spezifischen Aufgaben (man klickt auf ein Button und eine Reihe von Vorgängen läuft ab). Der Benutzer arbeitet in einer eigenen Anwendung. Die EXCEL-Menüs sind also nicht mehr erforderlich. Sie können sogar gefährlich werden - eine Manipulation in den Makros beispielsweise. Alles was nicht benötigt wird, kann ausgeblendet werden und statt dessen werden eigene Menüs und Symbolleisten eingeblendet.

Bestehende und eigene Menüs können zur Entwurfszeit oder zur Laufzeit mit VBA-Anweisungen installiert werden; Kontextmenüs können nur noch per Programm verändert werden.
Menüs und Symbolleisten werden zur Entwurfszeit mit den gleichen Werkzeugen bearbeitet. Dazu wird mit ANSICHT | SYMBOLLEISTEN | ANPASSEN die Dialogbox *Anpassen* gestartet. Jetzt kann im Ordner SYMBOLLEISTEN eine EXCEL-Symbolleiste oder -Menüleiste ausgewählt werden bzw. mit dem Button NEU eine neue Leiste erstellt werden. Im Ordner BEFEHLE wird die Leiste konfiguriert. Durch die gewählte Kategorie entscheidet sich, ob eine Symbol- oder Menüleiste verändert wird. Mann kann komplette Standardmenüs (eingebaute Menüs) oder auch neue Menüs einbauen. In die Menüs können Standard-EXCEL-Befehle oder eigene Makros eingesetzt werden. Zum Einsetzen eigener Makros wird im Ordner BEFEHLE die Kategorie MAKROS herausgesucht und der Befehl MENÜELEMENT ANPASSEN in die gewünschte Symbolleiste gezogen. Mit der rechten Maustaste kann das Menüelement formatiert werden bzw. ein Makro zugewiesen werden.

Die EXCEL-Menüs sind hierarchisch aufgebaut. Ein Tabellenblatt enthält eine spezifische Menüleiste. Sie besteht aus einer Liste von Menüs, die am oberen Bildschirmrand angezeigt werden. Menüs enthalten Elemente (Befehle), die auch auf ein Sub-Menü verweisen können.

Für die Angebotskalkulation wird die Menüleiste der Tabellenblätter verändert. Gearbeitet wird in drei Tabellenblättern - dem *Kalkulationsblatt*, dem

Angebotsblatt und der *Druckliste*. Für alle drei Blätter kann eine gemeinsame Menüleiste mit identischen Menüs und Elementen verwendet werden.

Folgende Menüs lassen sich aus den Anforderungen einrichten:

Menü	Elemente	Modul	Makro
Datei	Neue Kalkulation	Kalkulationsblatt	Kalkulation_Zurücksetzen()
	Neue Recherche	Angebote	Recherche_Zurücksetzen()
	Druckliste erstellen	Kalkulationsblatt	Kalkulation_Drucken()
	Drucken	EXCEL-Menüelement	
	Beenden	Kalkulationsblatt	Kalkulation_Beenden()
Bearbeiten	Kopieren	EXCEL-Menüelement	
	Ausschneiden	EXCEL-Menüelement	
	Einfügen	EXCEL-Menüelement	
Daten	Materialstammdaten	Kalkulationsblatt	Materialstammdaten_Aktualisieren()
	Kundenstammdaten	Kalkulationsblatt	Kundenstammdaten_Aktualisieren()
	Kalkulation	Angebote	Kalkulationsarbeit_Veranlassen
	Angebote	Kalkulationsblatt	Angebotsarbeit_Veranlassen()
	Druckliste	Kalkulationsblatt	Drucklistenarbeit_Veranlassen()
Hilfe	Info	Grundeinstellungen	Information_Anzeigen()

Die Menüelemente NEUE KALKULATION und DRUCKLISTE ERSTELLEN aus dem Menü DATEI dürfen im Angebotsblatt nicht sichtbar sein, genauso wie NEUE RECHERCHE und DRUCKEN im Kalkulationsblatt ausgeblendet werden müssen (schon aus Gründen der Robustheit des Programms). In der Druckliste müssen praktisch alle Elemente im Menü DATEI, bis auf DRUCKEN, ausgeblendet werden. Im Menü DATEN muß jeweils das Element, das auf die angezeigte Tabelle verweist, ausgeblendet werden (im Kalkulationsblatt ist das Element KALKULATION abgeblendet). Die Installation der Menüleiste, Menüs und Elemente sowie die Steuerung der Anzeige wird zur Laufzeit gelöst.

Die einzelnen Befehle sehen dann folgendermaßen aus:

```
Set Ml = CommandBars.Add(MenuBar:=True)
With Ml
   .Name = "Angebotskalkulation"
   .Visible = True
End With
```

Der erste Befehl definiert eine neue Menüleiste, die im Programm mit der Variablen *Ml* angesprochen werden kann. Anschließend wird diese Menüleiste eingeblendet und bekommt den Namen *Angebotskalkulation*.

```
Set M1 = Application.CommandBars("Angebotskalkulation")._
 Controls.Add(Type:=MsoControlPopup)
With M1
  .Caption = "Datei"
End With
```

Mit dem ersten Befehl (Zeile 1 und 2) wird der Menüleiste ANGEBOTS-KALKULATION ein Menü hinzugefügt, das mit der Variablen M1 angesprochen werden kann. Mit den folgenden Zeilen wird der Titel des Menüs mit DATEI beschrieben.

```
Set Bd1 = M1.Controls.Add
With Bd1
  .Caption = "Neue &Kalkulation"
  .OnAction = "Kalkulation_Zurücksetzen"
End With
Set Bd4 = M1.Controls.Add(Id:=4)
```

Die erste Zeile dieses Programmausschnitts fügt ein Menüelement in das Menü *M1* (DATEI) ein, das mit der Variablen *Bd1* angesprochen werden kann. Die anderen Zeilen formatieren dieses Menüelement. Die Eigenschaft *OnAction* verweist auf das zu startende Makro. Der letzte Befehl fügt dem Menü *M1* einen Standardbefehl hinzu. Standardbefehle haben eine *Id-Nummer,* über die auf diese Befehle zugegriffen werden kann. Weiter unten in den Hinweisen zu den Aufgaben finden sie weitere *Id-Nummern*. Die *Id-Nummer 4* verweist auf den Befehl DRUCKEN. Mit dem &-Zeichen wird der Short Cut *K* festgelegt.

```
Application.CommandBars("Angebotskalkulation").Delete
```

Dieser Befehl löscht die Menüleiste ANGEBOTSKALKULATION.

```
Bd1.Enabled = True
```

Mit diesem Befehl wird das Menüelement *Bd1* (NEUE &KALKULATION) aufgeblendet und damit für den Benutzer anklickbar gemacht.

Aufgaben

- Verändern Sie die Menüleiste entsprechend der obigen Tabelle (Menüs: DATEI, BEARBEITEN, DATEN, HILFE)!
- Schreiben Sie die Prozeduren:

  Kalkulationsarbeit_Veranlassen(),
  Angebotsarbeit_Veranlassen(),
  Drucklistenarbeit_Veranlassen(),
  Recherche_Zurücksetzen() sowie
  Materialstammdaten_Aktualisieren(),
  Kundenstammdaten_Aktualisieren(),
  Auto_Close() sowie
  Kalkulation_Beenden()!

- Fügen Sie die in der obigen Tabelle aufgelisteten Menüelemente ein!
- Setzen Sie im Kalkulationsblatt im Menü DATEI die Menüelemente NEUE RECHERCHE und DRUCKEN, im Angebotsblatt im Menü DATEI die Menüelemente NEUE KALKULATION und DRUCKLISTE ERZEUGEN und in der Druckliste die Elemente NEUE RECHERCHE , NEUE KALKULATION und DRUCKLISTE ERZEUGEN passiv!
- Setzen Sie im Kalkulationsblatt im Menü DATEN das Menüelement KALKULATION, im Angebotsblatt im Menü DATEN das Menüelement ANGEBOTE und in der Druckliste das Menüelement DRUCKLISTE passiv!

Hinweise

Die Schaltfläche DRUCKEN in der Tabelle *Kalkulation* kann gelöscht werden. Sie werden durch die Menüelemente NEUE KALKULATION und DRUCKLISTE ERSTELLEN ersetzt.
Die Installation der Menüleiste, Menüs und der Menüelemente wird in der *Auto_Open()*-Prozedur im Modul *Grundeinstellungen* vorgenommen. Das Löschen der eigenen Menüleiste wird zweckmäßigerweise in der *Auto_Close()*-Prozedur im genannten Modul realisiert.
Ein Menüelement kann mit den oben beschriebenen Befehlen passiv gestellt werden. Die Befehle werden in die *Kalkulation_Aktivierung()*- bzw. *Angebot_Aktivierung()*- und *Druckliste_Aktivierung()*-Prozeduren im Modul *Grundeinstellungen* eingetragen.

In der Prozedur *Kundenstammdaten_Aktualisieren()* bzw. auch in der Prozedur *Materialstammdaten_Aktualisieren()* müssen die Grundeinstellungen für die Dialogboxen vorgenommen werden.

Das Menü BEARBEITEN enthält die EXCEL-Befehle KOPIEREN (*Id:=19*), AUSSCHNEIDEN (*Id:=21*) und EINFÜGEN (*Id:=22*).

Es gibt ein kleines Problem mit dem Makro *Kalkulation_Zurücksetzen()*. Der Variablen *Löschmarkierung* wird der Wert in der Prozedur *Kalkulation_Drucken()* zugewiesen. Ohne diese Zuweisung gibt es einen Fehler beim Aufruf von *Kalkulation_Zurücksetzen()*. Es kann aber durchaus möglich sein, daß ein Benutzer des Programms den Befehl nutzt, ohne eine Kalkulation zu drucken (es wird einfach eine Kalkulation verworfen). In diesem Fall würde das System einen Fehler melden. Mit relativ umständlichen Tests ließe sich das Problem beheben. Ein kleiner Trick führt schnell zum gleichen Ergebnis. Wir fügen die Zeile *On Error Resume Next* in unser Programm ein. Diese Anweisung unterdrückt eine Fehlermeldung und setzt die Abarbeitung beim nächsten Befehl fort. Weitere Ausführungen zum Thema Fehlerbehandlungen finden Sie weiter unten im Text.

```
Sub Kalkulation_Zurücksetzen()
  On Error Resume Next
  Sheets("Kalkulationsdruckliste")._
   Range("B6:B11,E6,E10").ClearContents
  Sheets("Kalkulationsdruckliste")._
   Range(Löschmarkierung).Clear
  Sheets("Kalkulation").Range("C2:C7,B17:E41,E3,C9")._
   ClearContents
  Tabelle1.OptPrivatk.Value = False
  Tabelle1.OptGeschaeftsk.Value = False
End Sub
```

Zugriff auf die Datenbank

Die notwendigen Daten für die auszuführenden Prozesse wurden in einer ACCESS-Datenbank vereinbart. Der Zugriff auf ACCESS-Datenbanken wird von EXCEL-VBA optimal unterstützt. EXCEL stellt dazu die DAO (Data Access Objects) zur Verfügung.
Die in der Objekthierarchie vorkommenden Objekte erlauben die Verwaltung von mehreren gleichzeitig geöffneten Datenbanken. In der Praxis wird meist nur eine Datenbank gleichzeitig bearbeitet (auf jeden Fall in diesem Beispiel). Der Zugriff auf eine Datenbank erfolgt mit dem *Database*-Objekt.

```
Dim DB As Database
Set DB = OpenDatabase("Verkauf.mdb")
```

Diese Befehle kommentieren sich selbst. Die Variable DB wird als *Database*-Objekt deklariert. Anschließend wird der Variablen ein Wert zugewiesen, die geöffnete Datenbank *Verkauf.mdb*.

Das *Recordset*-Objekt erlaubt den Zugriff auf einen bestimmten Datensatz in einer Tabelle. Das Objekt hat vier Typen, von denen die beiden wichtigsten erläutert werden: *Type=dbOpenTable* ermöglicht den Zugriff auf alle Datensätze einer Tabelle und deren Änderung, *Type=dbOpenDynaset* ermöglicht auch den Zugriff auf das Ergebnis einer Abfrage, Änderung ist bei gleicher Zusammensetzung der Daten möglich.

Ein *Recordset*-Objekt wird mit der Methode *OpenRecordset* erzeugt. Grundlage der Methode ist eine Tabelle. Diese kann mit *TableDefs* oder im Falle einer Abfrage mit *QueryDefs* bestimmt werden.

```
Dim Satz As Recordset
Set Satz = DB.TableDefs("Kunde").OpenRecordset_
 (dbOpenDynaset)
```

Die Datenbank muß geöffnet sein (OpenDatabase). Die Variable *Satz*, die als Recordset-Objekt deklariert wurde, bekommt die Datensätze aus der Tabelle *Kunde* zugewiesen; über *Satz* kann also auf die Datensätze der Tabelle *Kunde* in der Datenbank *Verkauf.mdb* zugegriffen werden.

Das Beispiel macht es erforderlich, Datensätze einzufügen, zu löschen und zu ändern. Mit den folgenden Methoden kann ein Datensatz ausgewählt werden: *MoveFirst, MoveNext, MovePrevious* und *MoveLast*. Die Auswahl bezieht sich auf das *Recordset*-Objekt ohne eine bestimmte Bedingung.

```
Set DB = OpenDatabase("Verkauf.mdb")
Set Satz = DB.TableDefs("Kunde").OpenRecordset_
 (dbOpenDynaset)
Satz.MoveLast
```

Mit dem dargestellten Programmausschnitt wird beispielsweise der letzte Datensatz der Kundendatei ausgewählt. Soll eine Auswahl mit einer Bedingung verbunden werden, können die Methoden *FindFirst, FindNext, FindPrevious* und *FindLast* verwendet werden. Das *Recordset*-Objekt muß hier vom Typ *DbOpenDynaset* sein.
Das *Recordset*-Objekt hat die Eigenschaft *NoMatch*. Mit dieser Eigenschaft kann getestet werden, ob tatsächlich ein Datensatz diese Bedingung erfüllt.

```
Dim Bedingung As String

Bedingung = "KNR Like 'GH*'"

Set DB = OpenDatabase("Verkauf.mdb")
Set Satz = DB.TableDefs("Kunde").OpenRecordset_
 (DbOpenDynaset)
Satz.FindFirst Bedingung
If Not Satz.NoMatch Then
  MsgBox Satz!Name
End If
```

Hier wird der erste Datensatz gesucht, dessen Kundennummer mit *GH* beginnt und beliebig endet. Gibt es einen derartigen Datensatz in der Tabelle *Kunde*, so wird der zugehörige Name des Kunden in einem Meldungsfenster angezeigt. Soll dieser Datensatz jetzt geändert werden, muß die Methode *Edit* in Verbindung mit der Methode *Update* ausgeführt werden. Dazu wird das obige Beispiel erweitert:

```
Satz.Edit
Satz!Strasse = "Neue Strasse"
Satz.Update
```

Mit der Methode *Delete* kann der aktuelle Datensatz gelöscht werden. Das Hinzufügen von Datensätzen ist etwas umständlicher, aber aus dem folgenden Beispiel gut ersichtlich. Die erforderliche Methode, die einen leeren Datensatz erzeugt ist *AddNew*.

```
Satz.MoveLast
Satz.AddNew
Satz!KNR = FrmKundenstammdaten.TxtKNR.Text
Satz!Name = FrmKundenstammdaten.TxtName.Text
Satz!Strasse = FrmKundenstammdaten.TxtStrasse.Text
Satz!Ort = FrmKundenstammdaten.TxtOrt.Text
Satz!PLZ = FrmKundenstammdaten.TxtPLZ.Text
Satz.Update
```

Mit der Methode *MoveLast* wird an das Ende der Tabelle gewechselt. Dann kann mit *AddNew* ein neuer Datensatz angehängt werden. Aus den Textfeldern einer Dialogbox *FrmKundenstammdaten* werden die Werte für die Felder des Satzes übernommen. Dann wird die Methode *Update* ausgeführt.

Wie oben schon angedeutet, können mit der DAO-Bibliothek auch SQL-Abfragen formuliert werden. Damit können Daten aus mehreren Tabellen verknüpft und dann zu neuen Listen zusammengestellt werden. *SQL* steht für

Standard Query Language. Somit ist eine elegante Möglichkeit gegeben, die geforderten Recherchen abzuarbeiten.
Für die beschriebenen Aufgaben (Abfragen) stehen verschiedene Kommandos zur Verfügung:

- *SELECT* wählt Felder aus einer Tabelle aus
- *FROM* spezifiziert die Tabelle
- *WHERE* fügt Bedingungen an; mit AND oder OR können mehrere Bedingungen verknüpft werden
- *ORDER BY* legt eine Sortierreihenfolge fest
- *GROUP BY* gruppiert nach einem Feld

In Verbindung mit Abfragen werden für die Formulierung von Bedingungen häufig Funktionen verwendet. Um die für das behandelte Beispiel geforderten Abfragen zu realisieren, werden die folgenden Funktionen benötigt:

- *YEAR* gibt das Jahr eines Datums zurück
- *NOW* gibt das aktuelle Datum zurück, *YEAR(NOW)* gibt dann das Jahr des aktuellen Datums zurück
- *SUM* ist eine Aggregate-Funktion (Summierung); sie wird in Verbindung mit dem Kommando *GROUP BY* verwendet

```
Dim Abfrage as String

Abfrage = "SELECT KNR, SUM(Menge*VP *(1 - Rabatt)) AS_
 Umsatz FROM Erhält, Angebot, Enthält, Material WHERE_
 Erhält.ANR = Angebot.ANR AND Angebot.ANR = Enthält.ANR_
 AND Enthält.MNR = Material.MNR AND KNR = " & "'" &_
 Kundennummer & "'" & " AND YEAR(Datum) = YEAR(NOW) GROUP_
 BY Angebot.ANR"

Set Satz = DB.OpenRecordset(Abfrage)
Tabelle2.[B9].CopyFromRecordset Satz
```

Die Abfrage wird als *String* deklariert. Mit *SELECT* werden die gewünschten Felder benannt: das Feld *Kundennummer* (*KNR*) und das Feld *Umsatz*. Das Feld *Umsatz* existiert in keiner Tabelle; es wird mit dem Ausdruck *SUM(Menge*VP *(1 - Rabatt))* in der Abfrage definiert. Die Aufsummierung erfolgt für gleiche Angebotsnummern (*ANR*); die Gruppe wird durch die Anweisung *GROUP BY Angebot.ANR* festgelegt. Mit der *WHERE*-Klausel werden einige Bedingungen formuliert. Wichtig ist, daß die einzelnen Tabellen, auf die sich die Abfrage

bezieht, über ein gemeinsames Attribut getaktet werden (*Enthält.MNR* = *Material.MNR*).
Das Ergebnis einer Abfrage wird mit *CopyFromRecordset* in ein Tabellenblatt kopiert. Alternativ ist auch die Bearbeitung der einzelnen Datensätze möglich, was aber wesentlich umständlicher ist.

Aufgaben

- Schreiben Sie die ereignisorientierten Prozeduren für die Dialogboxen *Kundenstammdaten*, *Materialstammdaten* und *Angebote*!

Hinweise

Die Ergebnisse der bisherigen Aufgaben finden Sie in der Arbeitsmappe *Angebotskalkulation_06*. Beide Dialogboxen unterscheiden sich nur durch die Anzahl und die Benennung der Textfelder. Der Quellcode kann also in leicht abgewandelter Form übernommen werden.
Die folgenden Hinweise beziehen sich auf die Dialogbox *Kundenstammdaten*.

Aufgerufen wird die Dialogbox mit der Prozedur *Kundenstammdaten_Aktualisieren()*. In dieser Prozedur werden die Grundeinstellungen für die Dialogbox vorgenommen. Es werden Textfelder ausgeblendet und Buttons abgeblendet. Die Grundeinstellungen müssen so vorgenommen werden, daß der Benutzer möglichst wenig Fehler machen kann. Die Funktionen *Löschen* und *Ändern* setzen das *Suchen* eines bestimmten Datensatzes voraus. Zum *Suchen* des Datensatzes werden zwei Suchkriterien zugelassen: den *Kundennamen* und die *Kundennummer*.

Der Benutzer kann den Dialog zu jeden beliebigen Zeitpunkt verlassen. Die Dialogbox hat das folgende Aussehen:

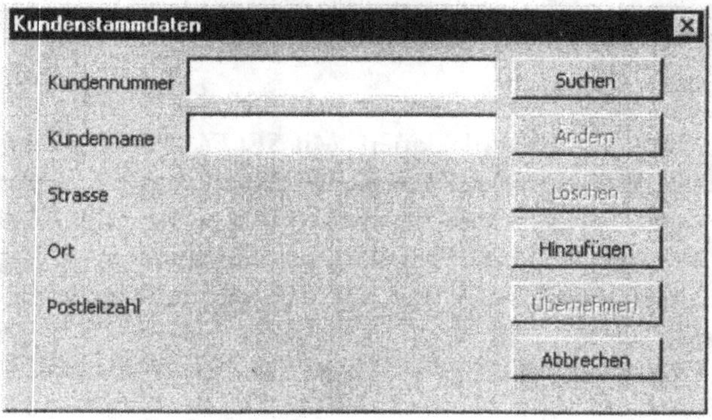

Der Benutzer kann sofort die Suchkriterien eingeben und dann auf das Button SUCHEN klicken. Der gesuchte Datensatz wird vollständig wiedergegeben; gleichzeitig wird das Button NÄCHSTER aktiviert (damit kann der nächste Datensatz, der dem Suchkriterium entspricht, angezeigt werden), die Buttons ÄNDERN, LÖSCHEN und ÜBERNEHMEN werden aufgeblendet.

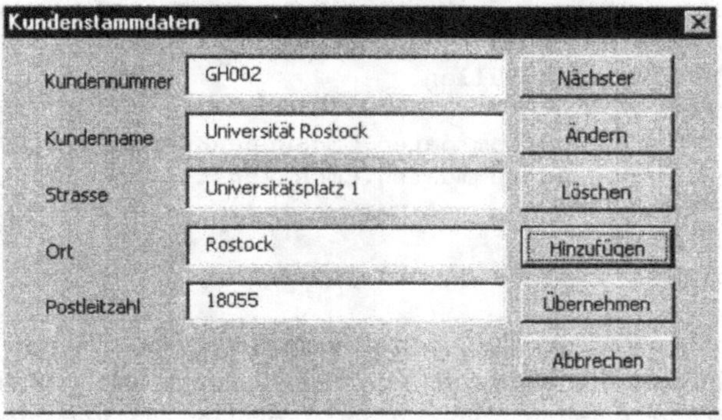

Am Beispiel der Prozedur *CmdSuchenKunden_Click()* ist die Umsetzung zu sehen. Es ist zu beachten, daß der Pfad in das Kalkulationsblatt unterhalb der Verweistabelle eingeschrieben wird.

```
Sub CmdSuchenKundenStDat_Click()
  Pfad = Tabelle1.Cells(14, 7).Value
  With FrmKundenstammdaten
    .CmdHinzufügenKundenStDat.Visible = True
    .CmdSpeichernKundenStDat.Visible = False
    .CmdSuchenKundenStDat.Visible = False
    .CmdNächsterKundenStDat.Visible = True
  End With
  Set DB = OpenDatabase(Pfad)
  Set Satz =_
   DB.TableDefs("Kunde").OpenRecordset(dbOpenDynaset)
  Kundennummer = FrmKundenstammdaten.TxtKNR.Text
  Kundenname = FrmKundenstammdaten.TxtName.Text

  'Formatprüfung
  If Kundennummer = "" Then
    FormatGültig = True
    Kundennummer = "*"
    If Kundenname = "" Then
      Kundenname = "*"
    End If
    Else
      If Kundenname = "" Then
```

```
        Kundenname = "*"
        End If
        FormatGültig = Format_Prüfen(Kundennummer, 5)
    End If

    If FormatGültig Then
      'Datensätze aus der Datenbank suchen
      Satz.FindFirst "Name  Like '" & Kundenname & "' AND_
       KNR Like '" & Kundennummer & "'"
      Kundenmaske_Füllen
      Else
        FrmKundenstammdaten.CmdSuchenKundenStDat.Visible = True
        FrmKundenstammdaten.CmdNaechsterKundenStDat.Visible_
         = False
    End If
End Sub
```

Der erste Teil der Prozedur dient zur Formatierung der Dialogbox. Es müssen für jede Funktion die richtigen Steuerelemente angezeigt werden. Der zweite Teil dient zur Wertzuweisung an die Variablen. Die Variablen wurden im Modulkopf deklariert. Dann erfolgt die Überprüfung der Eingabe, um Fehler bei der Ausführung der eigentlichen Funktion zu verhindern. Danach wird der Suchvorgang in der Datenbank gestartet.
Sie sollten versuchen, die Prozeduren alle gleich aufzubauen. Sie werden feststellen, daß verschiedene Probleme in mehreren Prozeduren vorkommen. So muß beim *Ändern* und *Hinzufügen* ein Datensatz gefüllt werden und in mehreren Prozeduren müssen die Textfelder des Dialogfeldes mit neuen Daten belegt werden. Sie können sich die Arbeit erleichtern, indem sie diese Gemeinsamkeiten herausfiltern und in extra Prozeduren unterbringen (*Kundenmaske_Füllen()* und *Kundendatensatz_Füllen()*). Diese Prozeduren rufen Sie dann nur noch an den erforderlichen Stellen auf!
Das *Speichern* der Angebote ist eine Verantwortlichkeit des Kalkulationsblattes. Im Design wurde die Prozedur *Angebote_Speichern()* im *Modul_Kalkulationsblatt* für diese Funktion festgelegt. Es ist zu klären, wo diese Prozedur aufgerufen werden muß. Es bietet sich an, die Angebote zu speichern, wenn die Druckliste erzeugt wird. *Angebote_Speichern()* wird also in *Kalkulation_Drucken()* aufgerufen. Auch diese Prozedur wird hier komplett abgebildet.

```
Sub Angebote_Speichern()
  Pfad = Tabelle1.Cells(14, 7).Value
  Set DB = OpenDatabase(Pfad)

  'Speichern in Angebote
  Set Satz = DB.TableDefs("Angebot").OpenRecordset_
   (dbOpenDynaset)
```

```
    Satz.MoveLast
    Satz.AddNew
    Satz!ANR = Tabelle1.Cells(3, 5).Value
    Satz!Datum = Now
    Satz!Rabatt = Tabelle1.Cells(10, 3).Value
    Satz.Update

    'Speichern in Erhält
    Set Satz = DB.TableDefs("Erhält").OpenRecordset_
     (dbOpenDynaset)
    Satz.MoveLast
    Satz.AddNew
    Satz!KNR = Tabelle1.Cells(2, 3).Value
    Satz!ANR = Tabelle1.Cells(3, 5).Value
    Satz!Angebotsrealisierung = False
    Satz.Update

    'Speichern in Enthält
    Zeil = 17
    Zellentext = Cells(Zeil, 2).Value
    While Zellentext <> ""
      Set Satz = DB.TableDefs("Enthält").OpenRecordset_
       (dbOpenDynaset)
      Satz.MoveLast
      Satz.AddNew
      Satz!MNR = Tabelle1.Cells(Zeil, 2).Value
      Satz!ANR = Tabelle1.Cells(3, 5).Value
      Satz!Menge = Tabelle1.Cells(Zeil, 6).Value
      Satz.Update
      Zeil = Zeil + 1
      Zellentext = Cells(Zeil, 2).Value
    Wend
  End Sub
```

Ein vollständiges Angebot wird in drei Dateien abgespeichert: die Datei *Angebote*, die Datei *Erhält* und die Datei *Enthält*. Die entsprechenden Abschnitte in der Prozedur sind durch Kommentare hervorgehoben. Die notwendigen Objekte und Methoden werden durch die DAO-Bibliothek bereitgestellt.

Die Dialogbox *Angebote* enthält mehrere Steuerelemente. Mit Hilfe von Optionsschaltflächen können zwei Funktionen realisiert werden: Erstens die Anzeige eines Angebots auf Grund der Angebotsnummer und zweitens die Ausführung einer Recherche. Die Recherche liefert alle Angebote eines Kunden für das laufende Jahr.
Durch das Klicken des OK-Buttons kann die gewünschte Aktion ausgeführt werden. Dazu wird abgefragt, welche Option gewählt wurde. In der Prozedur

CmdOKAngebot_Click() gibt es also zwei Programmzweige (*If FrmAngebote.OptAnzeige.Value = True Then...*).

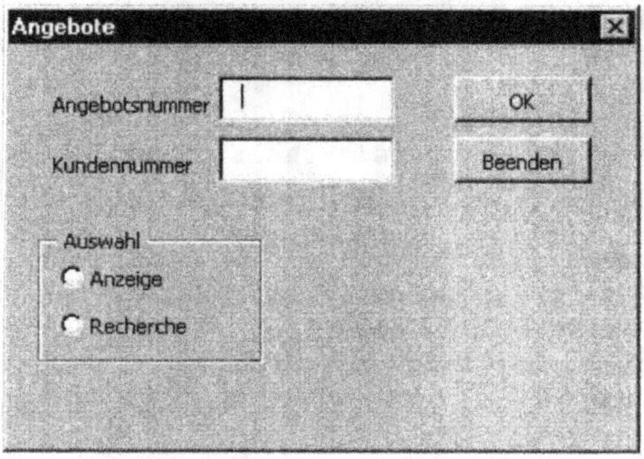

Die Anzeige eines Angebots beinhaltet die Funktion, ein Angebot zu quittieren (ein Kunde hat tatsächlich gekauft). Dazu wird in diesem Programmzweig das Kontrollkästchen *Angebotsrealisierung* eingeblendet und die *Value*-Eigenschaft, in Abhängigkeit von dem gespeicherten Zustand in der Datei *Erhält*, *True* oder *False* gesetzt.
Mit der ereignisorientierten Prozedur des Kontrollkästchens kann ein Angebot quittiert werden.

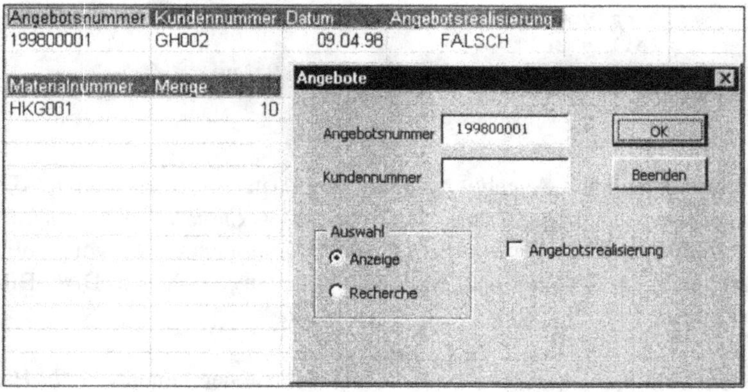

Da ein und dasselbe Tabellenblatt für die Anzeige und für die Recherche genutzt wird, muß das Blatt jeweils formatiert werden. Die notwendigen Befehle sind in den Prozeduren *Recherche_Formatieren()* und *Anzeige_Formatieren()* zusammengefaßt. Diese Prozeduren werden in den entsprechenden Programmzweigen der Prozedur *CmdOKAngebot_Click()* aufgerufen.

Die restlichen Prozeduren der Dialogbox *Angebote* enthalten Befehle, mit denen Grundeinstellungen in der Dialogbox vorgenommen werden können. Ein Beispiel wird hier vorgestellt – alle anderen Prozeduren sind aus der Arbeitsmappe *Angebotskalkulation_06* ersichtlich.

```
Private Sub TxtKundennummer_Change()
  FrmAngebote.OptRecherche.Enabled = True
  FrmAngebote.TxtAngebotsnummer.Enabled = False
  FrmAngebote.OptRecherche.Value = True
End Sub
```

Wertung

Die Funktionalität wurde in dieser Runde erreicht. Auch das Design ist übersichtlich und die Module sind unabhängig.
Problematisch ist die Robustheit des Programms. Durch die Verwendung einer externen Datenbank ergeben sich Anforderungen an die Bereitstellung der Daten durch EXCEL. Werden diese Anforderungen nicht erfüllt, so reagiert das Datenbankprogramm mit einer Fehlermeldung, die von dem Benutzer nicht verstanden wird, und damit zu einem Programmabbruch führen kann. Diesem Problem wenden wir uns in der nächsten Runde zu.

7 Robustheit erhöhen - die fünfte Runde

7.1 Analyse

Anforderungen überarbeiten

Robustheit ist ein wichtiges Qualitätskriterium. Robustheit bedeutet, daß ein Programm bei einer falschen Bedienung, bei falschen Eingaben oder unvorhergesehenen Ereignissen (ein Buch liegt auf der Tastatur) einen definierten Zustand einnimmt. Der Benutzer bekommt Hinweise für die Lösung des Problems bzw. das System löst ein Problem selbständig.
Um robuste Programme zu schreiben müssen genaue Kenntnisse des Problembereichs vorliegen und das Software-System muß genau analysiert werden. Mit anderen Worten: Es muß analysiert werden, was ein Benutzer falsch machen kann und mit welchen Fehlern das System dann reagiert. Prinzipiell bieten sich jetzt zwei Lösungswege an:

- Der Benutzer kann keine falsche Bedienung vornehmen, da das System jede Eingabe prüft und nur erlaubte Aktionen zuläßt (z.B. Formatprüfung bei der Eingabe).
- Man läßt falsche Handlungen zu und reagiert auf die auftretenden Systemfehler durch Fehlerbehandlungsroutinen.

Die erste Möglichkeit ist die elegantere. Wie aus der Arbeit mit großen Standardprogrammen aber bekannt ist, gelingt es selbst professionellen Entwicklungsteams nicht, alle möglichen Handlungen eines Benutzers vorherzusehen und entsprechend zu behandeln. Das Problem wächst mit der Komplexität des Systems.
Eine praktikable Lösung liegt in der Kombination beider Methoden: für besonders sensible Bereiche werden die möglichen Handlungen des Benutzers kontrolliert und für alle anderen Fälle wird eine Fehlerbehandlung vorgenommen, die zumindestens garantiert, daß das System nicht abstürzt.

Daneben können aber auch prinzipiell Fehler durch fehlerhafte Algorithmen auftreten. Sobald ein Programm eine gewisse Komplexität hat, sind diese Fehler nie mit 100 % Sicherheit auszuschließen. Deshalb sollte man nur kurze und übersichtliche Algorithmen verwenden bzw. auf veröffentlichte Algorithmen (Suchen, Sortieren usw.), die geprüft bzw.

verifiziert sind, zurückgreifen. Diese können aus der einschlägigen Literatur[16] bzw. aus Zeitschriften[17] entnommen werden .

Für das vorhandene System müssen drei Bereiche betrachtet werden:

- VBA-Makros – hier können Probleme durch fehlerhafte Algorithmen oder durch fehlerhafte Tools (Entwurf der Dialogboxen) auftreten. Diese Fehler sind leider nicht auszuschließen und nur mit einer zweckmäßigen Fehlerbehandlung zu entschärfen.
- Formeln in Tabellen – im Kalkulationsblatt und in der Druckliste werden umfangreiche EXCEL-Formeln eingesetzt. Leider treten hier immer wieder ganz unerklärliche Fehler auf. Man hat so gut wie keine Chance, diese Fehler in den Griff zu bekommen. Hier sollte man in umfangreichen Anwendungen auf die Nutzung dieser komplexen EXCEL-Ausdrücke in Tabellen verzichten und lieber ein paar mehr Programmzeilen schreiben. Es gibt viele Veröffentlichungen über spezielle VBA-Algorithmen, die ausreichend getestet sind. Es wäre aber auch falsch, auf den EXCEL-Service zu verzichten. Folgender Kompromiß wird empfohlen: aus den Tabellenblättern werden nur Werte in die Makros übernommen (keine Namen usw.) und umgekehrt werden auch nur Werte zurückgeschrieben (keine Formeln in Form von Strings).
- Datenbank-Server – eine relationale Datenbank (ACCESS) hat ganz bestimmte Anforderungen. Fehler können beim Speichern und Löschen gemacht werden. Die meisten Fehler können durch Prüfroutinen verhindert werden.

Für die Fehlerbehandlung in der Datenbank muß eine eindeutige Festlegung der Voraussetzungen und Schwerpunkte erfolgen. Folgende Voraussetzungen werden getroffen:

- Die Datenbank ist vollständig und enthält alle Tabellen.
- In jeder Tabelle befindet sich mindestens ein Datensatz - die Schlüsselintegrität ist bei diesen Datensätzen gewahrt.

---

[16] Sedgewick stellt in seinem Buch „Algorithmen“ eine Auswahl von Algorithmen aus den verschiedensten Anwendungsgebieten vor.

[17] In der Zeitschrift „Der Entwickler“ finden sich fast in jeder Ausgabe auch Problembeschreibungen von speziellen VISUAL BASIC-Aufgabenstellungen.

- Die Felder werden in ACCESS mit keinen zusätzlichen Gültigkeitsregeln ausgestattet.
- Eine Eingabe ist nur bei Schlüsselattributen unbedingt erforderlich und sie darf keine leere Zeichenfolge enthalten.
- Alle anderen Attribute müssen nicht unbedingt eingegeben werden, und es können leere Zeichenfolgen übergeben werden.

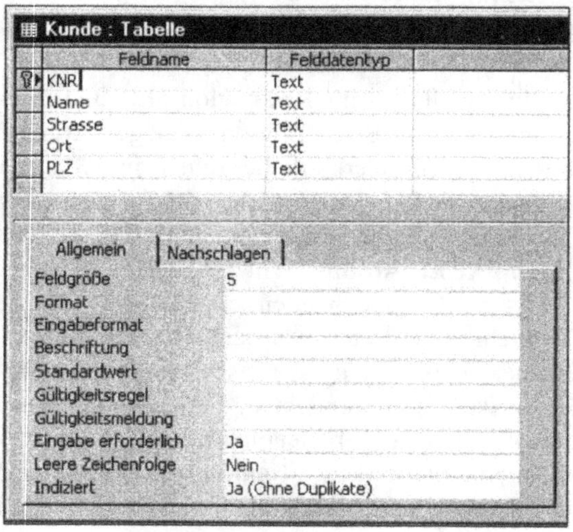

Diese Abbildung zeigt die Festlegungen für das Schlüsselattribut *KNR* in der Tabelle *Kunde*.

Unter diesen Voraussetzungen sollen die folgenden Benutzerhandlungen geprüft werden:

- Der letzte Datensatz in einer Tabelle darf nicht gelöscht werden.
- Die Felder müssen die richtige Länge haben.
- Der Index darf nicht doppelt vergeben werden.
- Es darf kein Datensatz aus den Stammdaten (*Material, Kunde*) gelöscht werden, dessen Schlüssel in einer Beziehung verwendet wird.

Die folgende Tabelle zeigt, wie und wo die notwendigen Daten eingegeben werden.

Feld	Type	Länge	Eingabeart
KNR	Text	5	Dialogbox_Kundenstammdaten
Name	Text	50	Dialogbox_Kundenstammdaten
Straße	Text	50	Dialogbox_Kundenstammdaten
Ort	Text	50	Dialogbox_Kundenstammdaten
PLZ	Text	50	Dialogbox_Kundenstammdaten
MNR	Text	6	Dialogbox_Materialstammdaten
Materialbezeichnung	Text	50	Dialogbox_Materialstammdaten
VP	Zahl	Single	Dialogbox_Materialstammdaten
Währung	Text	50	Auswahl aus einer Liste
Matgr	Text	50	Dialogbox_Materialstammdaten
ANR	Text	9	Kalkulationsblatt, InputBox
Angebotsrealisierung	Ja/Nein		Checkbox
Datum	Datum/Zeit	Datum, kurz	automatisch
Rabatt	Zahl	Single	automatisch, InputBox
Menge	Zahl	Integer	Kalkulationsblatt

Im Wesentlichen gibt es zwei Mittel, um falsche Handlungen zu verhindern:

- Eigene Funktionen
- Das geschickte Setzen von Eigenschaften für Steuerelemente

Laufzeitfehler werden in einer Mitteilungsbox ausgegeben. Für bestimmte Fehler wird eine Handlungsanweisung ausgegeben. Andere Fehler, die nicht analysiert werden, führen entweder zu einen Abbruch des Programms oder der betreffende Befehl wird übersprungen und das Programm dann fortgesetzt.

Tabellenkarten

Es wird mit dem Einfachsten begonnen – die Untersuchung der Verbindungen zwischen den Tabellenblättern und den Makros. Ein Zusammenhang besteht bei der Berechnung des Mengenrabatts. Der Mengenrabatt wird aus einer Verweistabelle mit mehreren Spalten berechnet. Durch die ereignisorientierten Prozeduren der Optionsfelder wird dem Namen, der den Spaltenindex in der Verweisfunktion vertritt, ein neuer Wert zugewiesen. Hier muß eine andere Lösung gefunden werden, da wir keine EXCEL-Namen der Tabellen mit Makros verändern dürfen. Das gleiche Problem besteht bei der Mehrwertsteuer und dem Datenbankpfad. Diese Konstanten müssen an einer ungefährlichen Stelle gesetzt werden können, denn sie verändern sich. In diesem Zusammenhang wird die Kalkulation Euro-tauglich gemacht. Verweistabelle, Mehrwertsteuer und Euro-Umrechnungssatz kommen in eine neue Tabelle.

Referenztabelle	
Verantwortlichkeiten Rabattsätze, Mehrwertsteuer, Datenbankpfad und Euro-Umrechnungssatz pflegen	Server

Tabellenblätter gestalten

Das Kalkulationsblatt wird verändert. Es muß ein zusätzliches Optionsfeld für die Eingabe des *Festpreises* und ein *Kontrollfeld* für die *Euro-Umrechnung* eingezeichnet werden.

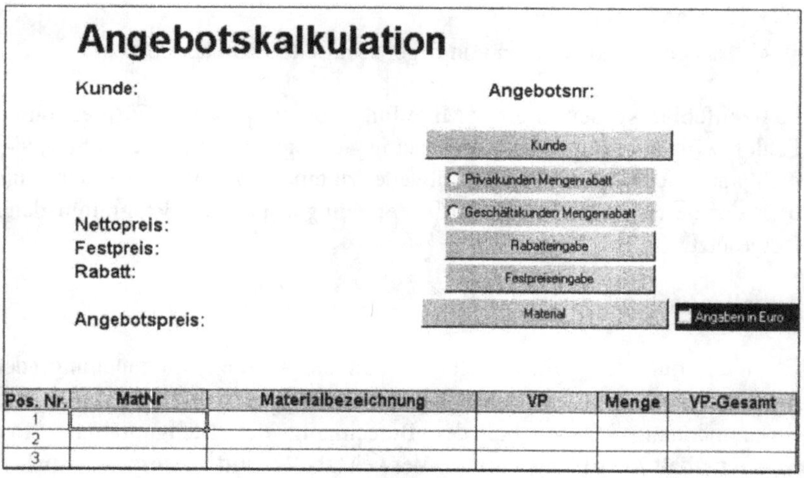

Die Währung wird auch in der Dialogbox *Materialstammdaten* angezeigt. Zusätzlich wird eine Schaltfläche VORHERIGER eingezeichnet.

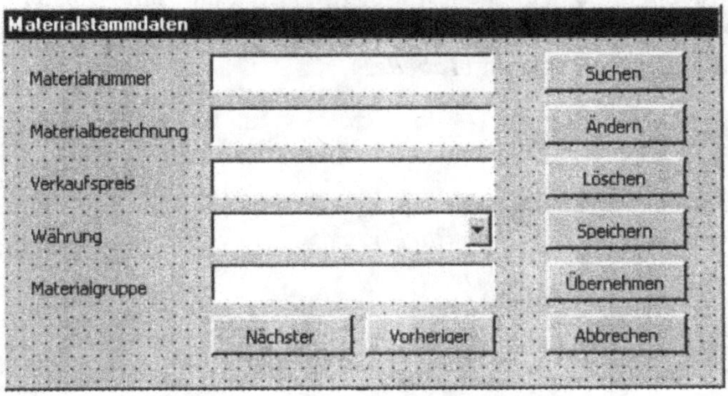

Für die Eingabe der Währung wird das Steuerelement *ComboBox* (*CbxWährung*) verwendet. In die Liste der *ComboBox* werden die zugelassenen Währungen aus der Referenztabelle eingetragen.
Die Referenztabelle hat das folgende Aussehen. Es wird schon an dieser Stelle darauf verwiesen, daß für die Pflege der Tabelle (Änderung der Umrechnungsfaktoren) keine besonderen Masken vorgesehen werden. Die Änderung kann direkt in der Tabelle vorgenommen werden. Zum Wechseln in die Referenztabelle wird ein entsprechender Menüeintrag im Menü DATEN vorgesehen.

Betrag DM	Privat-kunden	Geschäfts-kunden	MwSt	Währung	Euro	DM
0	0,00%	0,00%	16,00%	Euro	1	1,96
500	2,50%	2,75%		DM	0,51	1
1000	5,00%	5,25%	Datenbankpfad	US $	0,84	1,65
5000	10,00%	10,25%	A:\Verkauf$.mdb	SF	0,63	1,23
15000	15,00%	15,25%				
20000	17,00%	17,25%				
25000	18,00%	18,25%				
50000	20,00%	20,25%				

Aufgaben

- Legen Sie die *Referenztabelle* an und gestalten Sie das *Kalkulationsblatt* neu!

7.2 Entwurf

Das Entkoppeln der Tabellen von den Makros, die Euro-Umstellung und die Festpreiseingabe werden in den ereignisorientierten Prozeduren des Kalkulationsblatts realisiert (*Tabelle1*).

Tabelle1

CmdKundeTabelle1_Click()
CmdMaterialTabelle1_Click()
OptGeschäftsk_Click()
OptPrivatk_Click()
CmdRabatteingabe_Click()
CmdFestpreiseingabe_Click()
ChkEuro_Click()

Durch das zusätzliche Feld *Währung* in der Materialstammdatei müssen einige Prozeduren ergänzt werden (ereignisorientierte Prozeduren der Dialogbox *Materialstammdaten*). Der Entwurf ändert sich aber nicht.

Die Datenbanktabelle *Material* muß verändert werden. Ein zusätzliches Feld *Währung* wird eingesetzt; und dieses Feld wird mit einer Reihe von verschiedenen Währungen ausgefüllt.

MNR	Materialbezeichnung	VP	Währung	Materialgruppe
HKG001	VGA-Grafikkarten 16 Bit	405,00	DM	Grafikkarten
HKN001	Netzwerkkarte, 32 Bit,	850,00	DM	Netzkarten
HMC001	VGA-Monitor color	200,00	Euro	Farbmonitore
HMC002	20" Multiscan-Monitor,	5.750,00	DM	Farbmonitore
HMM001	VGA-Monitor	410,00	$	Monitore
HSD001	PACII-Floppy 3 1/2", 1.44	80,00	SF	Diskettenlaufwerke
HSF001	DataPacII 400 MB, 17 ms	540,00	DM	Festplatten
HTS001	MF-Tastatur	175,00	DM	Tastaturen

Es werden vier Währungen zugelassen: Euro, DM, US $ und SF.
Die Prüfung von Benutzerhandlungen bringt ebenfalls nur Änderungen in den bereits entworfenen Makros, ein neuer Entwurf macht sich nicht erforderlich. Die Tabelle *Angebot* wird um die Felder *Angebotswährung* und *Nettoverkaufspreis* ergänzt.

Fehlerbehandlungsroutinen gehören in die vorhandenen Makros. Auch hier ergibt sich keine Änderung für den Entwurf.

7.3 Implementation

Tabellen von den Makros entkoppeln

Das Entkoppeln der EXCEL-Tabellen von den Makros, die Berücksichtigung von unterschiedlichen Währungen und das Mehrwertsteuer-Problem kann mit den bereits erläuterten Strukturen gelöst werden.

Aufgaben

- Ergänzen Sie das Menü DATEN um den Eintrag *Referenztabelle*! Ist die Referenztabelle aktiv, sollen im Menü DATEI nur die Befehle DRUCKEN und SCHLIESSEN sichtbar sein.
- Komplettieren Sie die Datenbanktabelle *Material* (*Währung, Text, Länge 50*) und die Tabelle *Angebot* (*Angebotswährung, Text, Länge 50; Nettoverkaufspreis, Single)* im Programm ACCESS! Der neue Name der Datenbank ist *Verkauf$.mdb*.
- Ergänzen Sie die Dialogbox *Materialstammdaten* (*LblWährung, CbxWährung*) und schreiben Sie die dazugehörigen Makros!
- Verändern Sie die Prozeduren der Optionsfelder für den Mengenrabatt und die Prozeduren der Buttons RABATTEINGABE und FESTPREISEINGABE so, daß es keinen Zugriff auf die EXCEL-Namen gibt!
- Verändern Sie die Prozedur *CmdÜbernehmenMaterialStDat_Click()* so, daß in Abhängigkeit von dem Kontrollfeld *Euro* in der Tabelle *Kalkulationsblatt* nur *DM*- oder *Euro*-Beträge angezeigt werden!
- Schreiben Sie eine Prozedur *ChkEuro_Click()* für das Kontrollkästchen *Euro*, mit der die im Kalkulationsblatt ausgewiesenen Beträge umgerechnet werden können!
- Verändern Sie das Makro *Kalkulation_Drucken()*, indem Sie berücksichtigen, daß der Mehrwertsteuersatz aus der Referenztabelle übernommen wird!
- Schreiben Sie die Prozeduren *CmdVorherigerMaterialStDat_Click()* und *CmdVorherigerKundenStDat_Click()*!
- Formulieren Sie die neuen SQL-Abfragen für die Recherchen (*CmdOKAngebot_Click()*)!
- Versuchen Sie alle Benutzereingaben zu kontrollieren!

Hinweise

Sie finden die Makros in dem Beispiel *Angebotskalkulation_07*.

Der Listeninhalt für die *ComboBox* wird zweckmäßigerweise in dem Makro *Materialstammdaten_Aktualisieren()* im Modul *Kalkulationsblatt* vorgenommen:

```
FrmMaterialstammdaten.CbxWährung.RowSource =_
 "Referenztabelle!G2:G5"
```

Die Makros für die Optionsschaltflächen können wie folgt aufgebaut werden. Der Ausdruck *Tabelle1.Cells(8, 3).Value* steht für den Nettobetrag und dieser wird mit den Einträgen in der Referenztabelle verglichen (die Verweisfunktion wird also nicht mehr verwendet). Der gefundene Rabatt wird in das Kalkulationsblatt übernommen. Die Referenztabelle wird sequentiell durchsucht. Dazu müssen die Einträge sortiert vorliegen.

```
Private Sub OptGeschäftsk_Click()
  Dim Zeil%
  Dim Betrag As Double
  Tabelle1.Cells(9, 3).Value = 0
  Zeil = 2
  If Tabelle1.ChkEuro.Value = True Then
    Betrag = Tabelle1.Cells(8, 3).Value *_
     Tabelle4.Cells(2, 9).Value
    Else
      Betrag = Tabelle1.Cells(8, 3).Value
  End If
  While Betrag >= Tabelle4.Cells(Zeil, 1).Value And_
   Not IsEmpty(Tabelle4.Cells(Zeil, 1).Value)
    Zeil = Zeil + 1
  Wend
  Tabelle1.Cells(10, 3).Value = Tabelle4.Cells_
   (Zeil - 1, 3).Value
End Sub
```

Der Verkaufspreis wird entweder in Euro oder in DM ausgewiesen. In der Materialdatei sind aber ganz unterschiedliche Währungen vorhanden. Die Umrechnung wird in Abhängigkeit von dem Zustand des Kontrollfeldes im *CmdÜbernehmenMaterialStDat_Click()*-Makro realisiert.

```
If Tabelle1.ChkEuro.Value = True Then
  Spalt = 8
```

```
    Else
      Spalt = 9
    End If
```

Ist der Wert des Kontrollkästchens *True* dann sollen die Beträge in Euro umgerechnet werden, die Umrechnungssätze befinden sich in der *Spalte 8* der Referenztabelle. Die Umrechnung in DM erfolgt mit den Umrechnungssätzen in der *Spalte 9*.
Will man den richtigen Umrechnungssatz verwenden, muß die Währung des Materialdatensatzes bekannt sein. Die Zuordnung erfolgt dann mit einer *CASE*- Anweisung.

```
Select Case FrmMaterialstammdaten.CbxWährung.Text
  Case "Euro"
    Tabelle1.Cells(Zeil, 4).Value =_
     CSng(FrmMaterialstammdaten.TxtVP.Text)_
     * Tabelle4.Cells(2, Spalt).Value
  Case "DM"
    Tabelle1.Cells(Zeil, 4).Value =_
     CSng(FrmMaterialstammdaten.TxtVP.Text)_
     * Tabelle4.Cells(3, Spalt).Value
  Case "US $"
    Tabelle1.Cells(Zeil, 4).Value =_
     CSng(FrmMaterialstammdaten.TxtVP.Text)_
     * Tabelle4.Cells(4, Spalt).Value
  Case "SF"
    Tabelle1.Cells(Zeil, 4).Value =_
     CSng(FrmMaterialstammdaten.TxtVP.Text)_
     * Tabelle4.Cells(5, Spalt).Value
End Select
```

Mit der Prozedur *Sub ChkEuro_Click()* müssen jetzt nur noch die bereits in das Kalkulationsblatt übernommenen Datensätze behandelt werden. Da diese nur in Euro oder DM vorliegen, ist der Algorithmus einfach zu gestalten.

Benutzerhandlungen kontrollieren

Die zu kontrollierenden Benutzerhandlungen wurden analysiert. Es wird mit der Forderung begonnen, daß der letzte Datensatz in einer Tabelle nicht gelöscht werden darf. Der letzte Datensatz soll nicht gelöscht werden, das heißt nichts anderes, als daß die Anzahl der Datensätze in der Tabelle nicht kleiner als eins werden darf. Die Anzahl der Datensätze kann mit der *Recordset*-Methode *RecordCount* ermittelt werden *(DSAnzahl = Satz.RecordCount)*.

Der aktuelle Datensatz kann mit einer *Bookmark* versehen werden. Es ergibt sich damit die Möglichkeit, zu diesem Datensatz zu einem späteren Zeitpunkt schnell zurückzukehren. Die *Bookmark*-Eigenschaft wird dazu in einer *Variant*-Variablen gespeichert (*Book = Satz.Bookmark).*
Das Wiederfinden erfolgt dann mit *Satz.Bookmark = Book.*
Damit man in einer Ausnahmesituation keinen alten Datensatz in der Datei hat, wird ein Datensatz erzeugt, der keinen erlaubten Suchschlüssel enthält, an erster Stelle steht und nicht gelöscht wird. Dieser Datensatz fängt mit der *Kundennummer 00000* bzw. mit der *Materialnummer 000000* an.

Die eingegebenen Felder müssen die richtige Länge und den richtigen Typ haben. Die Länge kann durch die Eigenschaft *MaxLength* im Eigenschaftenfenster der Textfelder und der ComboBox gesetzt werden. Die Typprüfung ist auch kein Problem, es werden die Funktionen *IsNumeric* und *IsObject* verwendet.

Die Kontrolle der Benutzerhandlungen kann bei sehr langen Dateien einige Zeit in Anspruch nehmen, da dazu Dateien sequentiell durchlaufen werden müssen (z.B. die Prüfung einer Schlüsselnummer bei Änderungen, Speicherung oder Löschung). In Windows-Programmen ist es dann allgemein üblich, dem Benutzer durch einen veränderten Mauszeiger (Stundenglas) die Durchführung dieser Vorgänge kenntlich zu machen. Der Befehl

```
FrmMaterialstammdaten.MousePointer =_
 fmMousePointerHourGlass
```

verändert den Mauszeiger in ein Stundenglas. Der Standardzeiger kann mit folgendem Befehl wiederhergestellt werden:

```
FrmMaterialstammdaten.MousePointer =_
 fmMousePointerDefault
```

Alle anderen Probleme lassen sich mit den bereits bekannten VISUAL BASIC-Mitteln lösen.

Aufgaben

- Verändern Sie die Makros *CmdLöschenMaterialStDat_Click()* und *CmdLöschenKundenStDat_Click()* so, daß der letzte Datensatz nicht gelöscht werden kann!

- Setzen Sie die *MaxLength*-Eigenschaft in den Dialogboxen *Materialstammdaten* und *Kundenstammdaten*!
- Entwerfen Sie eine Prüfung, ob der eingegebene Materialverkaufspreis nur numerische Zeichen enthält!
- Programmieren Sie eine Prüfung der Angebotsnummer! Sie soll 9 Zeichen lang und numerisch sein.
- Stellen Sie sicher, daß kein Schlüssel doppelt vergeben werden kann!
- Stellen Sie sicher, daß kein Datensatz aus den Stammdateien gelöscht wird, wenn dieser noch in einer Beziehung verwendet wird!

Hinweise

Eine Prüfung wird beispielsweise für den Verkaufspreis vorgenommen. Diese Prüfung wird in dem Makro *CmdSpeichernMaterialStDat_Click()* realisiert.

```
'Prüfung VP leer, dann eine Null eintragen
If FrmMaterialstammdaten.TxtVP.Value = "" Then
  FrmMaterialstammdaten.TxtVP.Value = 0

  'Prüfung VP numerisch
  ElseIf Not IsNumeric(FrmMaterialstammdaten_
   TxtVP.Value) Then
    MsgBox "Der eingegebene Wert für VP enthält_
     unerlaubte Zeichen!"
    Exit Sub
End If
```

Die Angebotsnummer wird direkt in das Kalkulationsblatt eingetragen bzw. über eine *InputBox* eingegeben. Die Prüfung der Nummer wird vor der Übernahme in die Druckliste (und damit auch vor dem Abspeichern) vorgenommen. Das geeignete Makro ist *Kalkulation_Drucken()*. Hier gibt es bereits eine Prüfung, ob überhaupt eine Angebotsnummer vergeben wurde, diese Prüfung wird erweitert:

```
While IsEmpty(Angebotsnummer) Or_
  Len(Angebotsnummer) > 9 Or_
  Not IsNumeric(Angebotsnummer)
```

Die Schlüssel müssen eingegeben werden, und sie dürfen nicht doppelt vergeben werden. Diese Prüfungen stehen für die Angebotsnummer, Materialnummer und für die Kundennummer an. Zweckmäßigerweise werden diese Prüfungen in den folgenden Makros vorgenommen:

- *Kalkulation_Drucken()*
- *CmdSpeichernMaterialStDat_Click()*
- *CmdSpeichernKundenStDat_Click()*
- *CmdÄndernMaterialStDat_Click()*
- *CmdÄndernKundenStDat_Click()*

Als Beispiel wird hier die neue *CmdSpeichernMaterialStDat_Click()* abgedruckt:

```
Sub CmdSpeichernMaterialStDat_Click()
   On Error GoTo Fehlerbehandlungsroutine
   Dim PrüfWaehr As Boolean
   Dim Zeil As Integer
   Pfad = Tabelle4.Cells(5, 5).Value
   Set DB = OpenDatabase(Pfad)
   Set Satz =_
    DB.TableDefs("Material").OpenRecordset(dbOpenDynaset)

   'Prüfung des Schlüssels
   Materialnummer =_
    UCase(FrmMaterialstammdaten.TxtMatnr.Value)
   If Materialnummer <> "" Then
     FrmMaterialstammdaten.MousePointer =_
      fmMousePointerHourGlass
     Satz.MoveFirst
     While Not Satz.EOF
       If Satz!MNR = CStr(Materialnummer) Then
         FrmMaterialstammdaten.MousePointer =_
          fmMousePointerDefault
         MsgBox "Diese Materialnummer:" & Materialnummer_
          & "existiert bereits !"
         Exit Sub
         Else
           Satz.MoveNext
       End If
     Wend
     Else
       MsgBox "Eine Materialnummer muß vergeben werden!"
       Exit Sub
   End If
   FrmMaterialstammdaten.MousePointer =_
    fmMousePointerDefault

   'Prüfung VP leer, dann eine Null eintragen
   If FrmMaterialstammdaten.TxtVP.Value = "" Then
     FrmMaterialstammdaten.TxtVP.Value = 0

     'Prüfung VP numerisch
```

```
        ElseIf Not_
         IsNumeric(FrmMaterialstammdaten.TxtVP.Value) Then
        MsgBox "Der eingegebene Wert für VP enthält_
         unerlaubte Zeichen!"
        Exit Sub
    End If

    'Prüfung der Währung
    PrüfWaehr = False
    Zeil = 2
      While Not IsEmpty(Tabelle4.Cells(Zeil, 7)._
       Value) And PrüfWaehr = False
      If Tabelle4.Cells(Zeil, 7).Value =_
       FrmMaterialstammdaten.CbxWaehrung.Value Then_
       PrüfWaehr = True
      Zeil = Zeil + 1
    Wend
    If PrüfWaehr = False Then
      MsgBox "Der eingegebene Wert für die Währung_
       enthält unerlaubte Zeichen (DM, Euro, US $, SF)!"
      Exit Sub
    End If

    'Satz anhängen und speichern
    Satz.MoveLast
    Satz.AddNew
    Materialdatensatz_Füllen
    Materialstammdaten_Aktualisieren

    Fehlerbehandlungsroutine:
    If Err.Number = 3044 Then
      MsgBox "Sie haben einen falschen Pfad eingegeben!_
       Kontrollieren Sie bitte Ihren Eintrag in der_
       Referenztabelle!!"
      FrmMaterialstammdaten.Hide
    End If
End Sub
```

Sinngemäß müssen diese Programmzeilen auch in das Makro *CmdSpeichernKundenStDat_Click()* eingetragen werden (die Fehlerbehandlung wird weiter unten erläutert). Die Makros, die sich mit den Änderungen beschäftigen, sind etwas anders aufgebaut. Eine Prüfung, ob der vergebene Schlüssel noch nicht in der Datei vorhanden ist, muß nur dann durchgeführt werden, wenn tatsächlich eine Änderung an diesem Feld vorgenommen wurde. Dazu muß der alte Schlüsselwert in eine Variable gespeichert werden (z.B. *MaterialnummerAlt*). Die Wertzuweisung an diese Variable erfolgt, sobald der Datensatz durch Klick auf SUCHEN oder VORHERIGER/NÄCHSTER angezeigt wird.

Die Variable muß im Modulkopf vereinbart werden. Das Makro *CmdÄndernMaterialStDat_Click()* sieht dann folgendermaßen aus.

```
Sub CmdÄndernMaterialStDat_Click()
  Dim MaterialnummerNeu As String
  Dim Book
  Dim PrüfWaehr As Boolean

  'Schlüssel Prüfen
  MaterialnummerNeu =_
   FrmMaterialstammdaten.TxtMatnr.Value
  If MaterialnummerNeu = "" Then
    MsgBox "Eine Materialnummer muß vergeben werden!"
    FrmMaterialstammdaten.TxtMatnr.Value =_
     MaterialnummerAlt
    Exit Sub
  End If
  If MaterialnummerAlt <> MaterialnummerNeu Then
    'Bookmark setzen auf den aktuellen Datensatz
    Book = Satz.Bookmark
    Satz.MoveFirst
    While Not Satz.EOF
      If Satz!MNR = CStr(MaterialnummerNeu) Then
        MsgBox "Diese Materialnummer:" &_
         MaterialnummerNeu & "existiert bereits !"
        Satz.Bookmark = Book
        FrmMaterialstammdaten.TxtMatnr.Value =_
         MaterialnummerAlt
        Exit Sub
        Else
          Satz.MoveNext
      End If
    Wend
    Satz.Bookmark = Book
    MaterialnummerAlt = MaterialnummerNeu
  End If

  'Prüfung VP leer, dann eine Null eintragen
  If FrmMaterialstammdaten.TxtVP.Value = "" Then
    FrmMaterialstammdaten.TxtVP.Value = 0

    'Prüfung VP numerisch
    ElseIf Not IsNumeric(FrmMaterialstammdaten._
     TxtVP.Value) Then
      MsgBox "Der eingegebene Wert für VP enthält_
       unerlaubte Zeichen!"
      Exit Sub
  End If

  'Prüfung der Währung
```

```
    PrüfWaehr = False
    Zeil = 2
    While Not IsEmpty(Tabelle4.Cells(Zeil, 7)._
     Value) And PrüfWaehr = False
      If Tabelle4.Cells(Zeil, 7).Value =_
       FrmMaterialstammdaten.CbxWaehrung.Value Then_
       PrüfWaehr = True
      Zeil = Zeil + 1
    Wend
    If PrüfWaehr = False Then
      MsgBox "Der eingegebene Wert für die Währung_
       enthält unerlaubte Zeichen (DM, Euro, US $, SF)!"
      Exit Sub
    End If

    'Satz ändern
    Satz.Edit
    Materialdatensatz_Füllen
  End Sub
```

Der oben abgebildete Algorithmus enthält keine besonderen Raffinessen. Die Variable *MaterialnummerNeu* enthält die momentan aktuelle Schlüsselnummer. *MaterialnummerAlt* enthält die Nummer vor der Änderung. Weichen beide Nummern voneinander ab, beginnt die Prüfung. In *Book* wird die aktuelle Position des Datensatzes gespeichert, denn die Tabelle wird sequentiell durchlaufen, um zu testen, ob die *MaterialnummerNeu* tatsächlich einmalig ist. Ist sie nicht einmalig; wird die Änderung verworfen (*Exit Sub*).
Mit Hilfe von *Book* kann der aktuelle Datensatz wiedergefunden werden (*Satz.Bookmark = Book*). Die Anweisung *MaterialnummerAlt = MaterialnummerNeu* garantiert bei mehreren Änderungen am aktuellen Datensatz die Prüfung der Exklusivität der Schlüssel.
Noch zu berücksichtigen ist die Prüfung bei Löschungen aus den Stammdateien *Kunde* und *Material*. Die Prüfung soll sichern, daß kein Datensatz aus diesen Dateien gelöscht wird, der noch in anderen Tabellen (*Beziehungen – Erhält* und *Enthält*) verwendet wird. Die Änderungen betreffen also die folgenden Makros:

- *CmdLöschenMaterialStDat_Click()*
- *CmdLöschenKundenStDat_Click()*

Am Beispiel des Makros *CmdLöschenMaterialStDat_Click()* wird im Folgenden die Vorgehensweise kurz erläutert:

```
Sub CmdLöschenMaterialStDat_Click()
  'Fehlerbehandlung aktivieren
```

```
On Error GoTo Fehlerbehandlungsroutine
Dim MaterialnummerLösch As String
Dim DSAnzahl&
Dim Ergebnis
DSAnzahl = Satz.RecordCount
If DSAnzahl > 1 Then
  FrmMaterialstammdaten.MousePointer =_
   fmMousePointerHourGlass
  MaterialnummerLösch = Satz!MNR
  'Öffnen der Tabelle Enthaelt und sequentielle_
   Prüfung
  Set Satz = DB.TableDefs("enthaelt")._
   OpenRecordset(dbOpenDynaset)
  Satz.MoveFirst
  While Not Satz.EOF
    If Satz!MNR = CStr(MaterialnummerLösch) Then
      FrmMaterialstammdaten.MousePointer =_
       fmMousePointerDefault
      MsgBox "Diese Materialnummer " &_
       MaterialnummerLösch & " wird noch in einer_
       Beziehung verwendet !"
      'Öffnen der Tabelle Material und zurückgehen_
       auf den aktuellen Datensatz
      Set Satz = DB.TableDefs("Material")._
       OpenRecordset(dbOpenDynaset)
      Satz.FindFirst "MNR Like '" &_
       MaterialnummerLösch & "'"
      Exit Sub
      Else
        Satz.MoveNext
    End If
  Wend
  FrmMaterialstammdaten.MousePointer =_
   fmMousePointerDefault

  'Öffnen der Tabelle Material und zurückgehen auf_
   den aktuellen Datensatz
  Set Satz = DB.TableDefs("Material")._
   OpenRecordset(dbOpenDynaset)
  Satz.FindFirst "MNR  Like '" &_
   MaterialnummerLösch & "'"

  'Datensatz löschen!!!
  Löschen = MsgBox("Wollen Sie wirklich den_
   Datensatz löschen?", vbYesNo)
  If Löschen = vbNo Then Exit Sub
  'Löscht den aktiven Satz
  Satz.Delete
  Satz.MoveNext
  If Satz.EOF Then
```

```
      Satz.MoveFirst
    End If
    Materialmaske_Füllen
    MaterialnummerAlt =_
     FrmMaterialstammdaten.TxtMatnr.Value
    Else
      MsgBox "Der letzte Datensatz darf nicht_
       gelöscht werden!"
   End If
   Exit Sub
   'Fehlerbehandlung
   Fehlerbehandlungsroutine:
   Ergebnis = MsgBox("Es ist der Fehler: "_
    & Err.Number & " - " & Err.Description & "_
    aufgetreten ! Soll das Programm fortgesetzt werden_
    ?", vbYesNo)
   If Ergebnis = vbYes Then
     Resume Next
   End If
 End Sub
```

Die aktuell zu löschende Materialnummer wird in die Variable *MaterialnummerLösch* eingelesen. Falls der aktuelle Datensatz nicht der letzte Datensatz ist, wird die Tabelle *Enthält* sequentiell durchsucht. Tritt die Materialnummer (*MaterialnummerLösch*) in dieser Tabelle auf, wird eine Meldung ausgegeben, die Tabelle *Material* geöffnet, der aktuelle Datensatz geladen und dann die Prozedur abgebrochen.
Ansonsten wird der Datensatz gelöscht (natürlich muß auch hier die aktuelle Tabelle geöffnet werden).
Damit ist die Prüfung der Benutzerhandlungen abgeschlossen. Es fehlt noch eine Bearbeitung von auftretenden Fehlern (die wir alle nicht wollen, die aber trotzdem auftreten).

Fehlerbehandlung

Da Programmierer Menschen sind und Menschen Fehler machen, müssen diese Fehler entsprechend behandelt werden. Sobald ein Fehler auftritt, muß das Programm in einen definierten Zustand gelangen. Es muß eine Routine gestartet werden (Fehlerbehandlungsroutine), die absichert, daß das Programm ohne Schäden weitergeführt oder beendet werden kann.

Ein Befehl für die Fehlerbehandlung wurde bereits genutzt *On Error Resume Next* in dem Makro *Kalkulation_Zurücksetzen()*. Dieser Befehl bewirkt, daß beim Auftreten eines Fehlers der nächste Befehl in der Prozedur abgearbeitet wird. In dem genannten Makro wurde dieser Befehl nicht für die eigentliche Fehlerbehandlung verwendet. Es wurden einige Zeilen Quellcode damit gespart.

Das Kommando *On Error* kann in verschiedenen Varianten eingesetzt werden, z.B. *On Error GoTo Sprungmarke*. Eine Sprungmarke ist eine Programmzeile, die mit einem Doppelpunkt gekennzeichnet ist. Bei Auftritt eines Fehlers kann damit an eine definierte Stelle innerhalb des Programms verzweigt und eine Fehlerbehandlungsroutine abgearbeitet werden. Die Fehlerbehandlungsroutine steht zweckmäßigerweise am Ende der Prozedur. Vor der Sprungmarke muß dann der Befehl *Exit Sub* oder *Exit Function* stehen, damit im normalen Programmablauf dieser Zweig nicht abgearbeitet wird. Mit *On Error GoTo 0* wird der Makro-Fehlerdialog aufgerufen.
Die Anweisung *On Error Resume* bewirkt das nochmalige Ausführen des Befehls, bei dem der Fehler aufgetreten ist. *On Error Resume Sprungmarke* verzweigt auf eine Sprungmarke und die Prozedur wird dort fortgesetzt.

In verschachtelten Prozeduren (A ruft AA auf und AA ruft AAA) wird von unten (AAA) nach oben (A) nach einer Fehlerbehandlungsroutine gesucht. Die Routine braucht deshalb nur in der aufrufenden Prozedur vereinbart werden.
Der grundsätzliche Aufbau einer Fehlerbehandlungsroutine ist aus dem untenstehenden Listing ersichtlich:

```
'Fehlerbehandlung aktivieren
On Error GoTo Fehlerbehandlungsroutine
'Code ...
Exit Sub
'Fehlerbehandlung
Fehlerbehandlungsroutine:
Ergebnis = MsgBox("Es ist der Fehler: " & Err.Number_
 & " - " & Err.Description & " aufgetreten ! Soll das_
 Programm fortgesetzt werden ?", vbYesNo)
If Ergebnis = vbYes Then
  Resume Next
End If
```

Err.Number gibt die Fehlernummer und *Err.Description* eine Fehlerbezeichnung zurück. Das Abfragen der Fehlernummer eröffnet eine weitere Möglichkeit, eine Fehlerbehandlungsroutine zu gestalten. Für unterschiedliche Fehler können verschiedene Reaktionen vorgeschlagen werden.

```
'Fehlerbehandlungsroutine
Select Case Err.Number
   Case <Fehlernummer>
   <Resume|ResumeNext>

   Case .....

   Case Else
End Select
```

Die Fehlerbehandlungsroutinen blähen den Quelltext gewaltig auf. Eine fehlerspezifische Behandlung erfordert eine gründliche Analyse der möglichen Fehlerursachen und deren Wirkung auf ein Programm. Man sollte für besonders wichtige Programmabschnitte grundsätzlich aber nicht darauf verzichten (besonders bei langen unübersichtlichen Algorithmen oder dort, wo Daten gespeichert oder verändert werden).

Aufgaben

- Schreiben Sie für die Makros zum Löschen von Materialstammdaten bzw. Kundenstammdaten Fehlerbehandlungsroutinen, die die Möglichkeit geben, die Prozedur beim Auftreten eines Fehlers fortzusetzen oder abzubrechen!
- Schreiben Sie für das *Auto_Open()*-Makro eine Fehlerbehandlungsroutine, die die Arbeitsmappe beim Auftreten eines Fehlers schließt (eine entsprechende Meldung ist an den Benutzer auszugeben)!
- Schreiben Sie eine Fehlerbehandlungsroutine, die sicherstellt, daß bei einer falschen Angabe des Pfades für die Datenbankdateien kein Programmabsturz auftritt!

Hinweise

Sie können die oben erläuterte Konstruktion verwenden. Im *Auto_Open()*-Makro werden sämtliche Grundeinstellungen vorgenommen. Beispielsweise werden hier alle spezifischen Menüs installiert. Ein auftretender Fehler kann also schnell dazu führen, daß die Benutzeroberfläche nicht vollständig installiert und damit dem Benutzer nicht die volle Funktionalität zur Verfügung gestellt wird.
Eine falsche Pfadangabe für die Datenbankdateien führt zu einem sofortigen Programmabbruch. Aber gerade hier können leicht

Schreibfehler beim Eintrag in die Referenztabelle auftreten. Eine Fehlerbehandlung ist deshalb sehr sinnvoll.

```
'Fehlerbehandlungsroutine
If Err.Number = 3044 Then
  MsgBox "Sie haben einen falschen Pfad eingegeben!_
   Kontrollieren Sie bitte Ihren Eintrag in der_
   Referenztabelle!!"
  FrmMaterialstammdaten.Hide
End If
```

Wertung

Nicht alle Fehlerbehandlungsroutinen und Eingabeprüfungen wurden in den Quelltexten des Buches abgedruckt.
Die fertige Version *Angebotskalkulation_07* muß gründlich getestet werden. Den Entwurf für den Test finden Sie in der Anlage: Testrahmen für das Programm *Angebotskalkulation_07*.
Diese Runde hat uns einen erheblichen Schritt weiter gebracht. Das Programm ist robuster und zuverlässiger geworden. Jeder Benutzer, der Routinearbeiten am Computer zu erledigen hat, wird ein robustes Programm mehr schätzen als ein Programm mit unendlich vielen Funktionen, das aber nicht sicher läuft. Natürlich gibt es auch an dieser Version noch einiges zu bemängeln (keine Online-Hilfe, keine vollständige Fehleranalyse).
Aufwand und Nutzen müssen in einem vernünftigen Verhältnis stehen – kein potentieller Kunde ist heute bereit, viel Geld für ein Projekt der beschriebenen Größenordnung zu bezahlen.

Dazu der folgende kleine Spruch von Eugen Roth:

„Ein Mensch, von Plänen wild bewegt,
Hat hin und her sich überlegt,
Wie er, es koste, was es wolle,
Sein hübsches Häuschen bauen solle,
Hat, prüfend Dutzende Entwürfe,
Geschwankt, wer es ihm bauen dürfe
Und wo es in der weiten Welt
Am besten würde aufgestellt:
In das Gebirg? An einen See?
Dem Mensch tut die Wahl zu weh,
So daß er Frist um Frist versäumt:
Das nette Häuschen bleibt geträumt.

Ein Unmensch, auf den nächsten Fleck
Setzt kurz entschlossen seinen Dreck.
Der ganzen Welt ist es ein Graus –
Doch immerhin, er hat ein Haus."

Ich hatte eingangs erläutert, daß VISUAL BASIC für Applikationen nur für die Beschreibung von relativ kleinen Problemen geeignet ist. Wir haben in der letzten Version (*Angebotskalkulation_07*) in 45 Prozeduren rund 1000 Zeilen Code; eine gewisse Grenze ist damit erreicht. Für größere Programme ist es zweckmäßig andere Sprachen zu verwenden, die eine bessere Strukturierung und klarere Konzepte aufweisen. Es ist auf der anderen Seite aber auch sichtbar geworden, daß VISUAL BASIC für Applikationen eine brauchbare Programmiersprache ist, um spezielle Probleme zu lösen.
Die vorgestellte Entwurfsmethode ist ein sinnvoller Kompromiß zwischen Aufwand und Nutzen. Für diese kleinen Programme reichen die Tabellenkarten, Modulbeschreibungen, Skizzen zum Datenbankentwurf (*ERM*) und Kommunikationsgrafiken aus. Den Einsatz von speziellen Werkzeugen (Programme, die den Entwurfsprozeß unterstützen) ist für diese Art von Projekten abzulehnen, da der Einarbeitungsaufwand und die Kosten für professionelle Programme zu hoch sind.

In diesem Buch wurden nicht alle Möglichkeiten und Konzepte von VISAL BASIC für Applikationen dargestellt; wir haben uns nur mit den Konzepten und Befehlen befaßt, die für das zu bearbeitende Projekt wichtig waren.

Ich wünsche allen Lesern die gleiche Freude bei der Programmierung mit VISUAL BASIC für EXCEL 97, die auch ich bei der Bearbeitung meiner Projekte habe.

Anhang

Fragen und Formulare für die Prozeßbeschreibung

Deckblatt für ein Interview

Interviewnr.:		
Interviewer/-in:	Datum:	Beginn: Ende:
Gesprächspartner/ -in:	Funktion laut Funktionsplan:	Einordnung in die Firmenhierarchie:
Beschreibung des Arbeitsfeldes:		

Fragen

a) Firma allgemein

1. Charakterisieren Sie das Arbeitsziel der Firma!

2. Charakterisieren Sie das Arbeitsklima!

3. Wie sehen Sie Ihre Zukunftsaussichten?

b) Stelleneinordnung

4. Wie ist Ihre Stelle in die Hierarchie des Unternehmens eingeordnet?

5. Halten Sie die Firmenhierarchie für angemessen?

c) Aufgabenbereich der Stelle (allgemein)

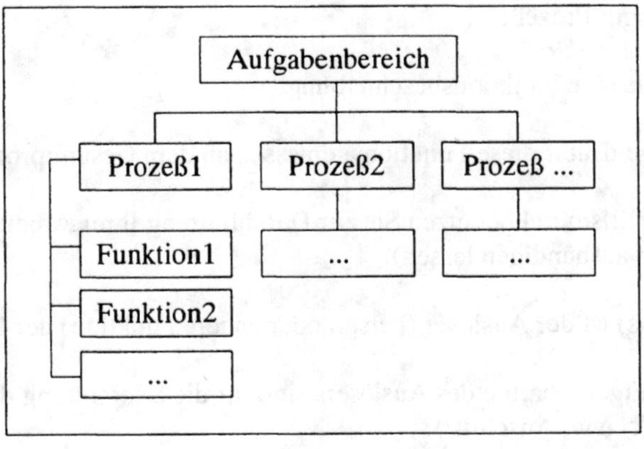

6. Gibt es Änderungen gegenüber der vorliegenden Stellenbeschreibung?

7. Wo erfüllen Sie Ihre Aufgaben?

- Büro
- Außenstelle
- Unterwegs (Hausbesuche)

Könnte diese Aufgabe auch von einem häuslichen Arbeitsplatz erledigt werden?

8. Wann erfüllen Sie Ihre Aufgabe?

d) Prozeßbeschreibung

9. Welche Prozesse bearbeiten Sie und beschreiben Sie die Bedeutung dieser Prozesse?

10. Welchen Zeitraum beanspruchen diese Prozesse (Anteil an der Arbeitszeit)?

11. Mit welchen anderen Stellen arbeiten Sie zusammen?

12. Wie ist das Unterstellungsverhältnis zu diesen Stellen?

e) Funktionsbeschreibung

13. Funktionsname:

Zugehöriger Prozeß:

14. Geben Sie eine Funktionsbeschreibung!

15. Wie lange dauert diese Funktion gemessen an dem Gesamtprozeß?

16. Welche Hilfsmittel benutzen Sie zur Durchführung Ihrer Arbeit (alle Vorlagen aushändigen lassen)?

17. Wer (Was) ist der Auslöser (Person oder andere Funktion) der Funktion?

18. Welche Eigenschaften des Auslösers sind für die Bearbeitung der Funktion wichtig (Name, Anschrift)?

19. Wer ist der Bearbeiter der Funktion?

20. Welche Eigenschaften des Bearbeiters sind für die Bearbeitung der Funktion wichtig (Rechte, Fahrerlaubnis)?

21. Wer (Was) empfängt die Ergebnisse der Funktion?

22. Welche Eigenschaften des Empfängers sind für die Bearbeitung der Funktion wichtig?

23. Wer liefert welche Informationen?

24. Auf welchem Medium liegen die Informationen vor?

25. Auf welcher Basis erfolgt der Datenaustausch?

26. Wer muß informiert werden?

27. Von welchen anderen Funktionen ist diese Funktion abhängig?
    Skizze des Ablaufs anfertigen!

28. Welche Entscheidungskompetenzen haben Sie?

29. Ideen und Verbesserungen zu dieser Funktion:

Beschreibung der Funktionen

<table>
<tr><td colspan="2">1. Interviewnr.:</td></tr>
<tr><td>2. Funktion:</td><td>3. Prozeß:</td></tr>
<tr><td colspan="2">4. Funktions-
beschreibung:</td></tr>
<tr><td>5. Actor:</td><td>6. Eigenschaften:</td></tr>
<tr><td>7. Vorbedingungen:</td><td>8. Nachbedingungen:</td></tr>
<tr><td colspan="2">9. Informationen
Input:

Output:</td></tr>
<tr><td colspan="2">10. Verkettung
mit anderen Funktionen:</td></tr>
<tr><td colspan="2">11. Ideen,
Verbesserungen:</td></tr>
</table>

Testrahmen für das Programm *Angebotskalkulation_07*

AK: Kalkulations-Arbeitsblatt enthält

Menüeinstellungen			Buttons	Excel-Felder
Datei	Neue Kalkulation	Aktiv	KUNDEN	Direkt-Einträge in das AK-Blatt
	Neue Recherche	Passiv	PRIVATKUNDEN ...	
	Druckliste erstellen	Aktiv	GESCHÄFTSKUNDEN ...	
	Drucken	Passiv	RABATT	
	Schließen	Aktiv	FESTPREIS	
Bearb.	Kopieren	Aktiv	MATERIAL	
	Ausschneiden	Aktiv		
	Einfügen	Passiv		
Daten	MaterialStDat	Aktiv		
	KundenStDat	Aktiv		
	Kalkulation	Passiv		
	Angebote	Aktiv		
	Druckliste	Aktiv		
	Referenztabelle	Aktiv		
Hilfe	Informationen	Aktiv		

Vorgehen zur Testung des Programms:

1. Ausgehend vom Kalkulations-Arbeitsblatt (AK) werden zunächst die aktiven Menüpunkte nacheinander getestet, ausgelöste Aktionen und Wechsel in andere Arbeitsblätter werden bis zur erschöpfenden Behandlung aller Möglichkeiten betrachtet
2. Die Aktionen, die durch Buttons ausgelöst werden können, werden getestet, wobei der Button KUNDEN (MATERIAL) dem Menüpunkt *DATEN/ KUNDENSTAMMDATEN* (MATERIALSTAMMDATEN) in seiner Wirkung entspricht
3. Überprüfung der Formate und Formeln der Zellen auf den Arbeitsblättern

Ausgangszustände werden der jeweiligen Aktion unterworfen und der unter *Endzustand* aufgeführte Zustand wird als Ergebnis des jeweiligen Tests erwartet

1. Menü-Test:

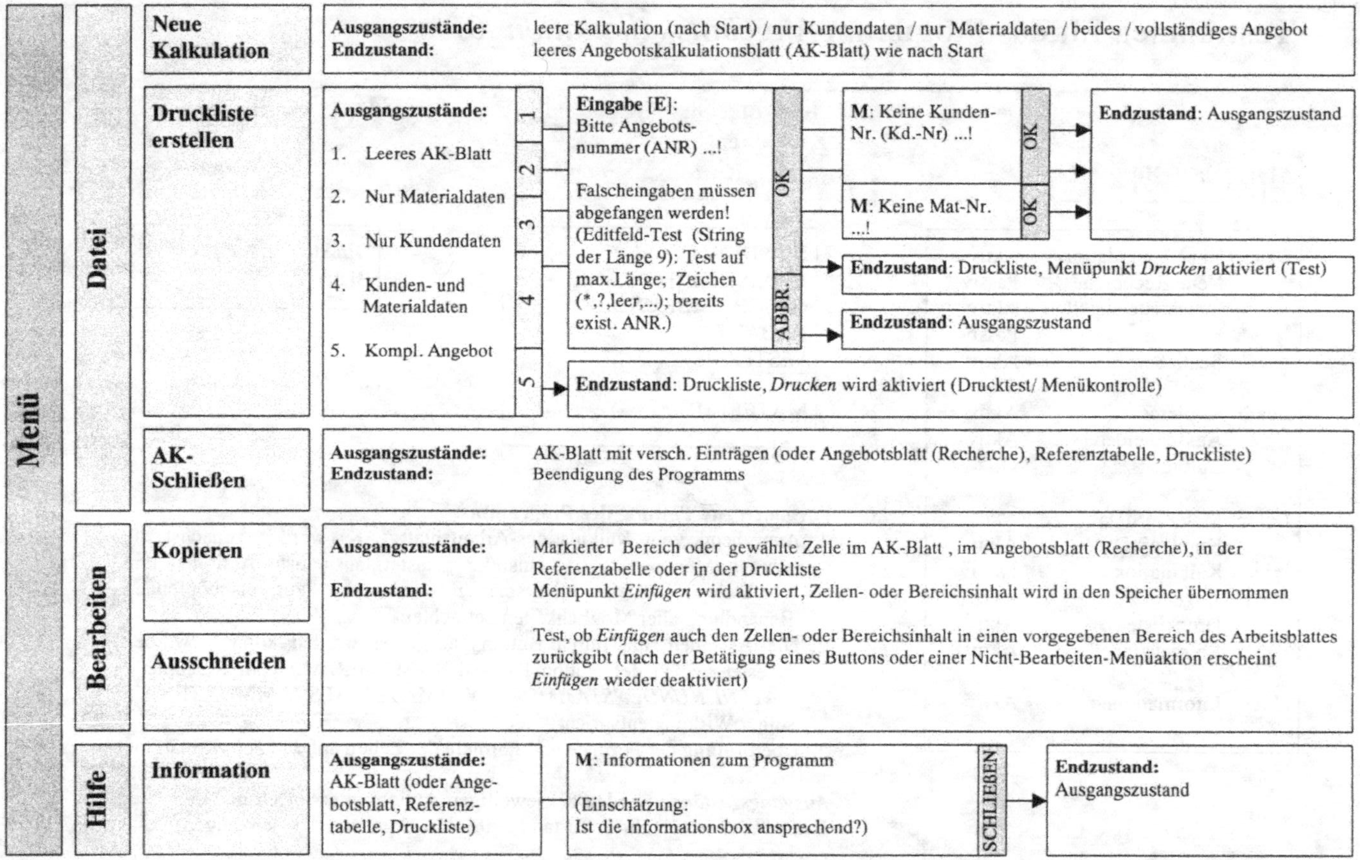

Menü
Datei
Neue Kalkulation
Ausgangszustände: leere Kalkulation (nach Start) / nur Kundendaten / nur Materialdaten / beides / vollständiges Angebot
Endzustand: leeres Angebotskalkulationsblatt (AK-Blatt) wie nach Start
Druckliste erstellen
Ausgangszustände:
1. Leeres AK-Blatt
2. Nur Materialdaten
3. Nur Kundendaten
4. Kunden- und Materialdaten
5. Kompl. Angebot
1
2
3
4
5
Eingabe [E]: Bitte Angebotsnummer (ANR) ...!
Falscheingaben müssen abgefangen werden! (Editfeld-Test (String der Länge 9): Test auf max.Länge; Zeichen (*,?,leer,...); bereits exist. ANR.)
OK
ABBR.
M: Keine Kunden-Nr. (Kd.-Nr) ...!
OK
M: Keine Mat-Nr. ...!
OK
Endzustand: Ausgangszustand
Endzustand: Druckliste, Menüpunkt Drucken aktiviert (Test)
Endzustand: Ausgangszustand
Endzustand: Druckliste, Drucken wird aktiviert (Drucktest/ Menükontrolle)
AK-Schließen
Ausgangszustände: AK-Blatt mit versch. Einträgen (oder Angebotsblatt (Recherche), Referenztabelle, Druckliste)
Endzustand: Beendigung des Programms
Bearbeiten
Kopieren
Ausschneiden
Ausgangszustände: Markierter Bereich oder gewählte Zelle im AK-Blatt , im Angebotsblatt (Recherche), in der Referenztabelle oder in der Druckliste
Endzustand: Menüpunkt Einfügen wird aktiviert, Zellen- oder Bereichsinhalt wird in den Speicher übernommen
Test, ob Einfügen auch den Zellen- oder Bereichsinhalt in einen vorgegebenen Bereich des Arbeitsblattes zurückgibt (nach der Betätigung eines Buttons oder einer Nicht-Bearbeiten-Menüaktion erscheint Einfügen wieder deaktiviert)
Hilfe
Information
Ausgangszustände: AK-Blatt (oder Angebotsblatt, Referenztabelle, Druckliste)
M: Informationen zum Programm
(Einschätzung: Ist die Informationsbox ansprechend?)
SCHLIEßEN
Endzustand: Ausgangszustand

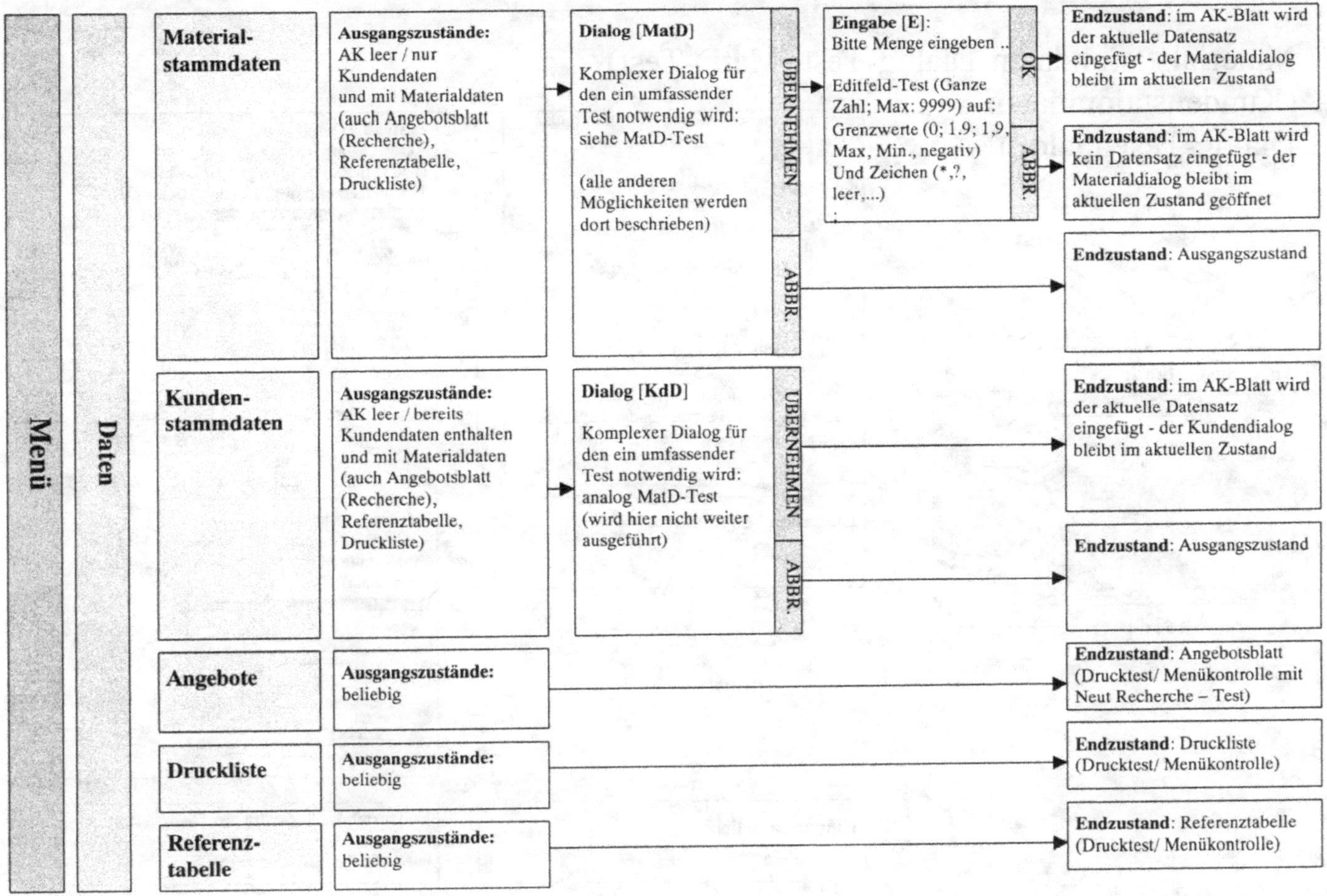
Menü
Daten
Material-stammdaten
Ausgangszustände: AK leer / nur Kundendaten und mit Materialdaten (auch Angebotsblatt (Recherche), Referenztabelle, Druckliste)
Dialog [MatD]
Komplexer Dialog für den ein umfassender Test notwendig wird: siehe MatD-Test
(alle anderen Möglichkeiten werden dort beschrieben)
ÜBERNEHMEN
ABBR.
Eingabe [E]: Bitte Menge eingeben ..
Editfeld-Test (Ganze Zahl; Max: 9999) auf: Grenzwerte (0; 1.9; 1,9, Max, Min., negativ) Und Zeichen (*,?, leer,...)
OK
ABBR.
Endzustand: im AK-Blatt wird der aktuelle Datensatz eingefügt - der Materialdialog bleibt im aktuellen Zustand
Endzustand: im AK-Blatt wird kein Datensatz eingefügt - der Materialdialog bleibt im aktuellen Zustand geöffnet
Endzustand: Ausgangszustand
Kunden-stammdaten
Ausgangszustände: AK leer / bereits Kundendaten enthalten und mit Materialdaten (auch Angebotsblatt (Recherche), Referenztabelle, Druckliste)
Dialog [KdD]
Komplexer Dialog für den ein umfassender Test notwendig wird: analog MatD-Test (wird hier nicht weiter ausgeführt)
ÜBERNEHMEN
ABBR.
Endzustand: im AK-Blatt wird der aktuelle Datensatz eingefügt - der Kundendialog bleibt im aktuellen Zustand
Endzustand: Ausgangszustand
Angebote
Ausgangszustände: beliebig
Endzustand: Angebotsblatt (Drucktest/ Menükontrolle mit Neut Recherche – Test)
Druckliste
Ausgangszustände: beliebig
Endzustand: Druckliste (Drucktest/ Menükontrolle)
Referenz-tabelle
Ausgangszustände: beliebig
Endzustand: Referenztabelle (Drucktest/ Menükontrolle)

Materialstammdaten-Dialog-Test (MatD-Test) (Kundenstammdaten-Dialog-Test analog)

Ausgangszustand:

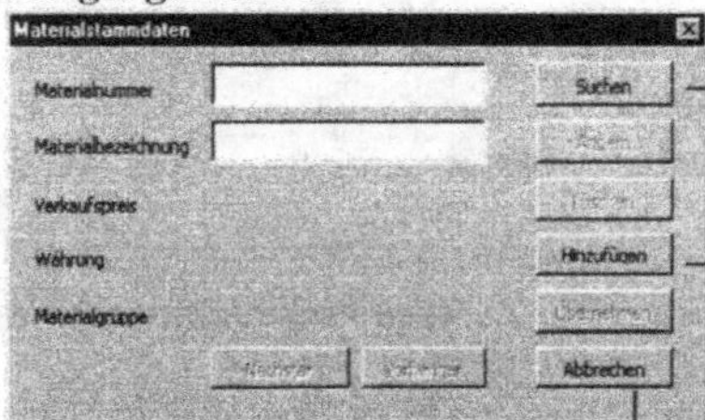

Eingabe-Möglichkeiten in die Editierfelder *Materialnummer/Materialbezeichnung:*

1. leer/leer ; */leer; leer/*; *,*
2. *G*/leer (*); leer (*)/*A*;
3. ex. Matnr./leer; leer/ ex.Matbez.; ex. Matnr./ex. Matbez.
4. falsche Matnr./ex. Matbez; ex. Matnr./f. Matbez. ; f/f

(Eingabefelder sind als Strings der Länge 6 vereinbart - ein Test ob Sonderzeichen *, ? etc. ausgeschlossen wurden, ist sinnvoll)

1, 2, 3 → **Zustand 1**: MatD bleibt geöffnet, Aktiv./Deaktivierung von Feldern und Buttons, der erste gefundene Datensatz wird angezeigt; **Testfortsetzung mit diesem Dialog unten**

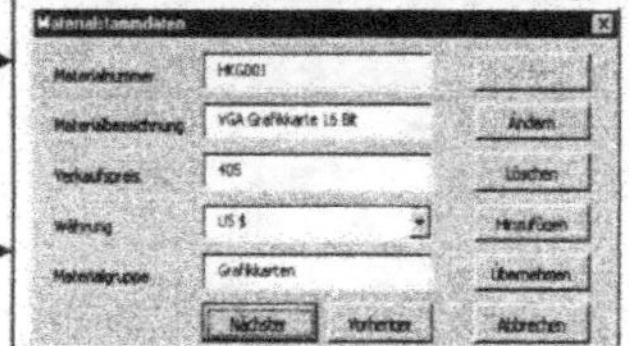

4 → **M**: Kein Datensatz.. — OK → **Endzustand:** Ausgangszustand

Eingaben beliebig → **Zustand 2**: MatD bleibt geöffnet, Aktiv./Deaktivierung von Feldern und Buttons, Eingaben in Matnr/Matbez werden gelöscht (sind unwirksam) - **Testfortsetzung unten**

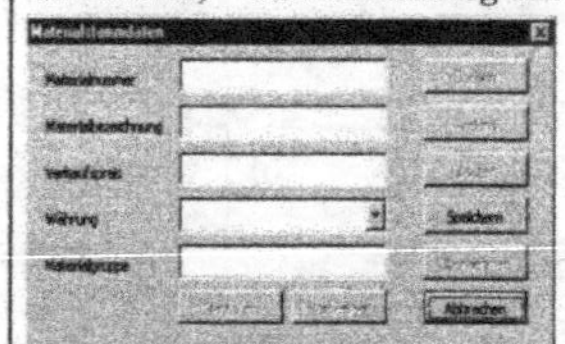

Eingaben beliebig → **Endzustand**: MatD wird geschlossen, der Ausgangszustand vor dem Aufruf des Dialogs wird wieder hergestellt

Zustand 1:

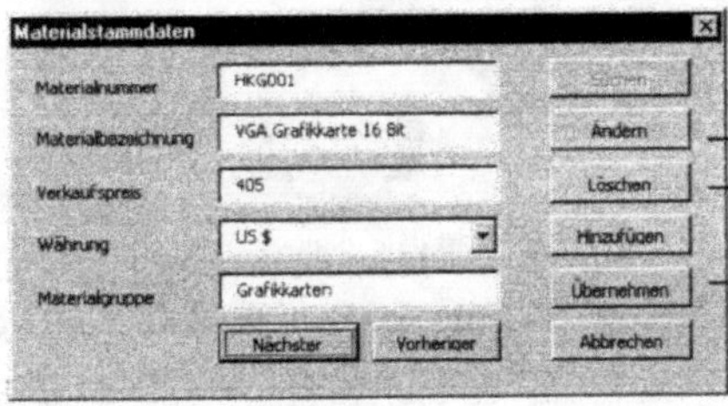

Die Buttons *Nächster* und *Vorheriger* müssen ein konsistentes Verhalten während der Laufzeit aufweisen; auf nähere Ausführungen wird verzichtet

Eingabe-Möglichkeiten im Feld *Matnr.*:

1. Ohne Änderung
2. Matnr. löschen
3. Neue Matnr. korrekt
4. Ex. Matnr.

(Testvorgehen zu den Feldern *VP, Währung, Materialgruppe* bei Test des Zustandes 2; *Hinzufügen* wurde bereits oben erfaßt)

(Hier: da *Matnr* das Schlüsselfeld ist, wird überprüft, inwieweit Änderungen in diesem Feld bei *Ändern, Löschen* überprüft werden; Falscheingaben bei *Matnr* müssen abgefangen werden und werden deshalb hier nicht berücksichtigt)

- 1 → Abspeichern des Datensatzes → **Endzustand**: Zustand 1
- 2 → **M**: Matnr. muß vergeben werden...! [OK] → **Endzustand**: Zustand 1
- 3 → Abspeichern des neuen Datensatzes → **Endzustand**: Zustand 1 (mit Änderungen)
- 4 → **M**: Matnr. existiert bereits..! [OK] → **Endzustand**: Zustand 1 (mit Änderungen)

M: Wollen Sie wirklich..!

(Zu prüfen ist besonders die Löschung des ersten und letzten Datensatzes! Wie werden Feldänderungen und Nutzung des Löschen - Buttons (mit Nein verlassen) behandelt?)

- JA → Löschen des Datensatzes (DS) → **Endzustand**: Zustand 1 (Anzeige: nächster od. vorheriger DS)
- NEIN → **Endzustand**: Zustand 1

E: Bitte geben Sie die gewünschte Menge.!

Falscheingaben müssen abgefangen werden, die Menge ist eine ganze Zahl bis max. 9999 (Zu prüfen: Grenzwerte (0, 9999, Min., Max); rat. Zahlen mit Komma- und Punktseparation; andere Zeichen (*,?, etc)) (Werden Feldänderungen übernommen?)

- OK → Einfügen des Datensatzes inkl. Mengeangabe ins Kalkulationsblatt → **Endzustand**: Zustand 1 (mit Änderungen)
- ABBR. → **Endzustand**: Zustand 1

Zustand 2:

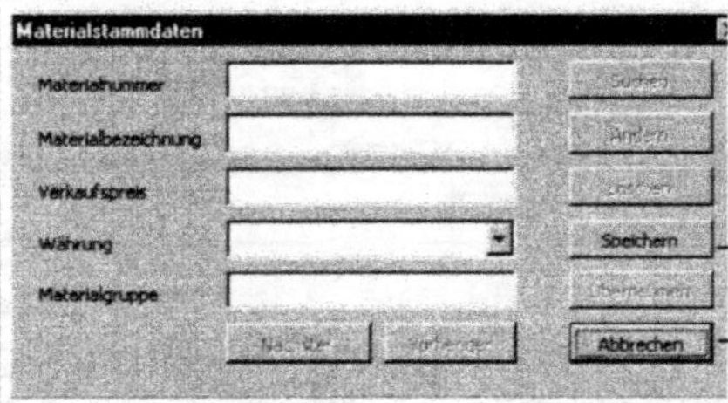

Eingabe-Möglichkeiten (nicht erwähnte Felder können ergänzt werden, sind aber nicht zwingend notwendig, da sie keine Schlüsselfelder sind) :

1. Alle Felder leer
2. Matnr. korrekt/ neu
3. Matnr. korrekt/neu und Währung aus vorgegebener Liste gewählt oder zeichengenau im Editierfeld eingetragen
4. Ex. Matnr.

(*Matnr* und *Matbez.* wurden bereits getestet; Materialgruppe ist vom selben Typ, hinzu kommt die Testung des Feldes Verkaufspreis(VP) - als Wert vom Typ Single
a) Test auf Grenzwerte (0,Max,Min, negative Zahlen, rat. Zahlen mit Komma- und Punktseparation (z.B. 11.1; 11,1);
b) Test auf Zeichen (bel., z.B. *,? etc))

Falscheingaben müssen abgefangen werden und zum Ausgangszustand zurückführen !!!

1 → **M**: Matnr. muß vergeben werden...! [OK] → **Endzustand**: Zustand 2 (mit Eintragungen)

2 → **M**: Unerlaubte Währung...! (Auswahl in der Listbox oder Neueingabe; nur vorgegebene Währungen werden im Editierfeld auch akzeptiert - Test) [OK] → **Endzustand**: Zustand 2 (mit Eintragungen)

3 → Abspeichern des neuen Datensatzes → **Endzustand**: Ausgangszustand (Materialstammdatendialog)

4 → **M**: Matnr. existiert bereits..! [OK] → **Endzustand**: Zustand 2 (mit Eintragungen)

Eingaben beliebig → **Endzustand**: MatD wird geschlossen, der Ausgangszustand vor dem Aufruf des Dialogs wird wieder hergestellt

2. Button-Test:

(nur auf dem Angebotskalkulationsblatt sind Schalter verankert)

Kundenstammdatendialog wird aufgerufen
(Analog Menüaufruf:
DATEN/KUNDENSTAMMDATEN)

Dialog zur Eingabe des Rabattes bzw. des Festpreises wird geöffnet:

Es werden Werte des Typs (Single) erwartet.

Test auf Grenzwerte (0, Max.,Min., negative Werte, rat. Zahlen mit Komma- und Punktseparation) und Zeichen (*,?, Buchst., leer); Testung bei leerem Kalkulationsblatt und des Abbrechen-Buttons (bleiben bereits eingetragene Werte erhalten?)

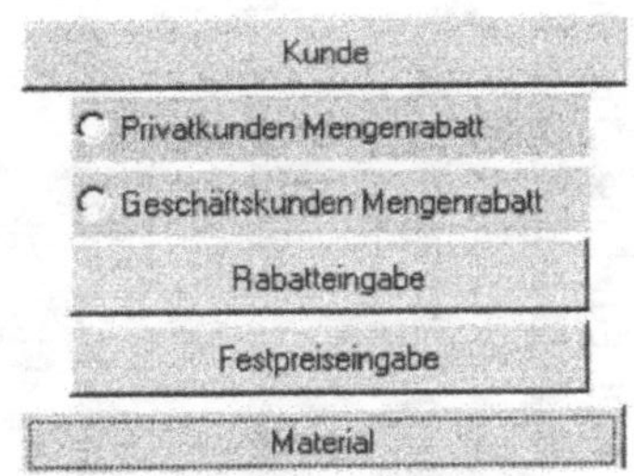

Options-Buttons:
Bei Aktivierung eines Buttons wird der jeweilige Rabatt aus der Referenztabelle ins AK-Blatt übertragen.
Bei Rabatt- oder Festpreiseingabe werden beide Optionsbuttons deaktiviert.

Testung auf oben genannte Eigenschaften und Rabattwerte; Testung bei leerem Kalkulationsblatt

Materialstammdatendialog wird aufgerufen
(Analog Menüaufruf:
DATEN/MATERIALSTAMMDATEN)

Literaturverzeichnis

a) Zitierte Literatur

Boehm, B.: „A Spiral Model of Software Development and Enhancement", Software Engineering Notes, vol.11(4), 1986

Booch, G.: „Objektorientierte Analyse und Design", Addison Wesley Verlag, 2. korrigierter Nachdruck, 1996

Chen, P.P.: „The Entity-Relationship-Model Toward a Unified View of Data", ACM Transactions on Database Systems, vol. 1(1), 1976

Glinz, Baumann und Schauer: „Warum ist Software Entwicklung schwierig?", unizürich, Magazin der Universität Zürich, 1/95

Henderson-Sellers, B. und J. Edwards: „The Object-Oriented-Systems-Lifecycle", Communications of the ACM, vol. 33(9)

Kofler, M.: „VBA-Programmierung mit EXCEL 7.0", Addison Wesley Verlag, 1997

Page-Jones M.: „Strukturiertes Systemdesign, Ein praktischer Leitfaden", Hanser Verlag, 1995

Schader, M. und M. Rundshagen: „Objektorientierte Systemanalyse", Springer Verlag, Berlin, Heidelberg etc, 1994

Sedgewick, R.: „Algorithmen", Addison Wesley Verlag, 1992

Sommerville, I. „Software Engineering", Addison Wesley Verlag, 1996

Verschiedene Autoren: „Programmiersprachen in der Ausbildung", Informatik Spektrum, Organ der GI, Dezember 1997

Wirfs-Brock, R.: „Objektorientiertes Software-Design", Hanser Verlag, 1993

Yourdon, E. : „Die westliche Programmierkunst am Scheideweg: die Schlüsseltechniken der Softwareentwicklung für das 21. Jahrhundert", Hanser Verlag, München, Wien, 1993

Yourdon, E.: „Modern Structured Analysis", Englewood Cliffs, NJ:Prentice-Hall, 1989

Zeitschrift: „Der Entwickler", Software & Support Verlag GmbH, Internet: http://www.entwickler.com

b) Neuste Veröffentlichungen

Eine gute Übersicht zur Software-Technik finden Sie unter der folgenden WWW- Adresse (11/1998):

http://www-db.stanford.edu/pub/gio/CS446/biblio.html

Informationen zu dem Produkt VBA-EXCEL 97 bekommt man bei Microsoft:

http://www.microsoft.com/

c) Betriebswirtschaftliche Anwendungen von Microsoft Excel

Frater, H.: „Excel 97", bhv, 1997

Schels, I.: „Excel 97", bhv, 1997

Staas, D.: „Excel 97: Praxisbuch und Referenz", Hanser Verlag 1997

Kost, R.: „Excel 97 [Starthilfe]", Markt und Technik Verlag, 1997

Baloui, S.: „Excel 97: schnell und sicher zum Ziel", Markt und Technik Verlag, 1997

Kolberg, M.: „Excel für Windows 95 [Planung und Erfolgskontrolle, betriebswirtschaftliche Werkzeuge, Geschäftsgrafiken]", Markt und Technik Verlag, 1996

Klein, K. J.: „Excel-Anwendungen: von Anlagenbuchführung bis Zeitmanagement", Huethig Verlag, 1996

Doering, M.: „Baufinanzierung und Vermögensverwaltung mit Excel", Markt und Technik Verlag, 1996

Haas, P.: „Kosten, Investition, Finanzierung mit Excel", IWT Verlag, 1994

Della Shiava, M.: „Excel für Marketing und Vertrieb: Marketingplanung, Vertiebsplanung und -steuerung, Großkundenplan, Direktmarketing und Kundendatenbanken", Überreuter Verlag, 1994

Haas, P.: „Marketing mit Excel: praxisnahe Modelle zur Steuerung und Kontrolle des Verkaufserfolgs“, IWT Verlag, 1994

Dambon, D.: „Finanzplanung und Electronic Banking mit Excel: Rentabilitätsanalysen, Electronic-Banking-Produkte im Einsatz, basiert auf Excel 5.0“, IWT Verlag, 1994

Wahls, J.: „Unternehmensplanung mit Excel“, Vahlen Verlag, 1993

Haas, P.: „Controlling mit Excel: Erfolgskontrolle und Bilanzanalyse“, IWT Verlag, 1993

Kraus, A.: „Makrolösungen mit Excel 4.0: unkonventionelle Techniken für wirtschaftliche und private Anwendungen“, te-wi Verlag, 1992

Stichwortverzeichnis

A

ActiveCell 38
Add, Methode 45
Address() 49
Analyse 5
Anforderungskatalog 9, 13
Angebotsanzeige 85
Angebotskalkulation_01 23
Angebotskalkulation_02 29
Angebotskalkulation_03 53
Angebotskalkulation_04 65
Angebotskalkulation_05 70
Angebotskalkulation_06 104
Angebotskalkulation_07 118
Angebotspreis 16, 17
Angebotsrecherche 85
Angebotsschlüssel 84
Option Explicit 34
Application 33
Auto_Open() 64
Auto-Prozeduren 64

B

Bearbeitungsfeld 40
Bezeichnungsfeld 40
Beziehung, ERM 75
Boolean 34
Bruttoverkaufspreis 23
Buttons 40

C

Cancel, Eigenschaft 40
Caption, Eigenschaft 33
Chen-Diagramme, ERM 73
Click, Ereignis 41
Clng, Funktion 37
CRC-Karte 9
Cstr, Funktion 37
Currency 34

D

Data Access Objects (DAO) 100
Data Base Management System (DBMS) 82
Database, Objekt, ...100
Date 34
Datenbank 73
Datenbank, Zugriff 100
Datenbankdateien vereinbaren 93
Datenbasis 19
Datenfeld 20
Datenkonversion 37
Datenliste Kunde 19
Datenliste Material 19
Datenmodell, ERM 83
Datensatz 20
Datensatz bearbeiten 102
Datentypen 35
Default, Eigenschaft 40
Design 5
Dialogbox 39
Dim 34
Do...Loop Until, Schleife 46
Double 34
Dropdown-Feld, Listenfeld 59
Druckliste 14, 22

E

Eingangsbedingung, Schleife 46
Entity–Relationship-Diagramm 77
Entity-Relationship- Modell 73

F

Fehlerbehandlung 127
Fehlerbehandlungsroutine 127
Fehlerbezeichnung, ...128
Fehlernummer, ...128
Fehlersuche 30
Felder 35
Felder, dynamische 35
Feldtypen, Datenbank 93
Festpreis 16
Filtern von Datensätzen 21
For...Next, Schleife 46
Formatprüfung, String 50
Formula, Eigenschaft 38
FROM, Kommando, SQL 103
Funktion 25
Funktionen 57
Funktionskopf 58

G

GROUP BY, Kommando, SQL 103
Grundeinstellungen 63

H

Hide, Methode ...39

I

Id-Nummern, Menü ...98
If...Then, Verzweigung ...51
Implementation ...5
Index ...35
Inkrement, Schleife ...46
InputBox ...36
Integer ...34
IsNumeric, Funktion ...52

K

Kalkulationsblatt ...14, 15
Kardinalitäten ...78
Kombinationsfeld-Liste-Dropdown ...60
Kombinationsfeld-Liste-Text ...60
Kommentare ...33
Konstanten ...35
Kooperationsbeziehungen ...11
Kooperationsgrafiken ...11
Kundendatei ...19
Kundenliste ...14, 19
Kundenschlüssel ...20

L

Laufzeitfehler ...31
Lcase, String-Funktion ...50
Left, String-Funktion ...50
Len, String-Funktion ...50
Listenfelder ...59
ListFillRange, Eigenschaft ...60
ListIndex, Eigenschaft ...60
Long ...34

M

Makro ...25
Makro aufzeichnen ...27
Makro starten ...27
Makro-Editor ...31
Makro-Fehlerdialog, ...128
Makroprogrammierung ...24
Makros, eigene Makros einfügen ...96
Materialdatei ...19
Materialliste ...14, 19
Materialschlüssel ...20
Menüelement einfügen ...98

Menüleiste löschen ...98
Menüleisten entwerfen ...96
Menüs, Anforderungsübersicht ...97
Mid, String-Funktion ...50
Module ...24
MsgBox, Messagebox ...36

N

Namenskonventionen ...11
Nettopreis/Rabatt-Tabelle ...17
NOW, Funktion, SQL ...103

O

Objekt ...8, 34
Objekte, ERM ...75
Objekt,Eigenschaften ...32
Objekt-Katalog ...33
Objekt-Methode ...32
Objektorientierte Programmierung ...7
On Error, Fehlerbehandlung ...63, 128
Optionsfeld ...43
Optionsfeld, Namenskonvention ...44
ORDER BY, Kommando, SQL ...103

P

Parameter, Funktion ...57
Prozedur ...25
Public ...34

Q

Quadrat(), Prozedur ...35

R

Rabatt ...16
Range, Objekt ...38
Range, Schlüsselwort ...37
Recordset, Objekt, Datenbank ...101
Redundanz, Datenbank ...73
Referenztabelle ...114
Right, String-Funktion ...50
Rückgabetyp, Funktion ...57
Rückgabewert, Funktion ...57

S

Schleifen ...45
Schlüssel ...20
Schlüssel festlegen, Datenbank ...93
Schlüssel, Datenbank ...73
Schlüsselattribut, ERM ...75
Schlüsselfeld ...20
SELECT, Kommando, *SQL* ...103
Select, Methode ...32, 37
Select...Case, Verzweigung ...52
Server ...10

Set 35
Sheets 32
Show, Methode 39
Single 34
Software-Lebenszyklen 3
Spirale, Modell 11
SQL-Abfragen 102
Standard Query Language 102
Static 34
Step, Inkrement, Schleife 46
Steuerelemente 40
Steuerelemente,Namenskonvention 41
Steuerelement-Toolbox 60
String 34
String-Funktionen 50
String-Operationen 49
Strukturierte Programmierung 6
Suchkriterien 20
SUM, Funktion, SQL 103
SummeVP 16

T

Tabellenbereiche auswählen 37
Tabellenkarten 9
TabIndex, Eigenschaft 40
Test 5
Testfenster 36
Text, Eigenschaft 40
Trim, String-Funktion 50
Type 35

U

Ucase, String-Funktion 50

V

Variablen 33
Variant 35
VBA 7
VBA-Objekte 40
VBA-Standardtypen 34
Verantwortlichkeiten 10, 11
Verbundschlüssel, ERM 83
Verkaufspreis 16
Verweisfunktion 16
Verweistab 18
Verzweigungen 51
Visible, Eigenschaft 41
VPGesamt 16

W

Wasserfallmodell 4
Wenn(), Funktion 16
Wertzuweisung 35
WHERE, Kommando, SQL 103
While...Wend, Schleife 45
With ... End With 33

Y

YEAR,Funktion, SQL 103

Z

Zellen auswählen 37
Zielbereich 21

www.ingramcontent.com/pod-product-compliance
Lightning Source LLC
LaVergne TN
LVHW010547300926
849162LV00002B/256